BEI GRIN MACHT SICH IHR WISSEN BEZAHLT

- Wir veröffentlichen Ihre Hausarbeit,
  Bachelor- und Masterarbeit

- Ihr eigenes eBook und Buch -
  weltweit in allen wichtigen Shops

- Verdienen Sie an jedem Verkauf

Jetzt bei www.GRIN.com hochladen und kostenlos publizieren

Vom Fluch der Ideologien

Wilhelm Kratochwil

GRIN ☺

Bibliografische Information der Deutschen Nationalbibliothek:

Die Deutsche Nationalbibliothek verzeichnet diese Publikation in der Deutschen Nationalbibliografie; detaillierte bibliografische Daten sind im Internet über http://dnb.d-nb.de abrufbar.

ISBN: 9783346316356
Dieses Buch ist auch als E-Book erhältlich.

Coverbild: Sergey Elkin

© GRIN Publishing GmbH
Nymphenburger Straße 86
80636 München

Druck und Bindung: Books on Demand GmbH, Norderstedt Germany
Gedruckt auf säurefreiem Papier aus verantwortungsvollen Quellen

Das vorliegende Werk wurde sorgfältig erarbeitet. Dennoch übernehmen Autoren und Verlag für die Richtigkeit von Angaben, Hinweisen, Links und Ratschlägen sowie eventuelle Druckfehler keine Haftung.

Das Buch bei GRIN: https://www.grin.com/document/966081

Wilhelm Kratochwil

Vom Fluch der Ideologien

Eine Streitschrift

INHALTSVERZEICHNIS

Liebe Leserinnen und Leser!

Thomas von Aquin definierte die Wahrheit als adaequatio rei ac intellectus, als Übereinstimmung der Erkenntnis mit der Realität. Aber zuweilen trifft wohl Christian Morgensterns Spruch zu, „dass nicht sein kann, was nicht sein darf." Pech für die Realität, sofern sie mit einer Lehre nicht übereinstimmen will. Dann muss eben die Realität „angepasst" werden – und schon ist eine Ideologie geboren. In Form staatlicher Ideologiepropaganda überfährt sie den Menschen und lässt ihm keinen Freiraum zum Atmen. Er betet den Unsinn gern nach, wenn nur der Druck damit weicht. Was dabei herauskommt, zeigt dieses Buch an zahlreichen Beispielen. Wenn die Rückbindung einer Theorie an die Wirklichkeit aufgegeben wird, tut sich ein enormes Potential für einen Wahn auf, für Ideologien wie Nationalismus, Faschismus, Manchester-Liberalismus, Raubtier-Kapitalismus, Kommunismus (recte Sozialismus), Rassismus etc., die für ganze Gruppen von Menschen zu Geißeln wurden. Die Bezeichnung von Ideologien endet meistens auf -ismus; das deutet auf eine Deterioration der ursprünglichen Idee hin. Außerdem stehen oft auch handfeste Interessen, wie z. B. beim Kolonialismus, dahinter.

In diesem Buch gehe ich auf das von Ideen Intendierte ein und stelle anhand exemplarischer Beispiele ihre Übertreibungen durch Ideologien samt ihren gravierenden Folgen dar. Bereits vor fast 2.400 Jahren wies Aristoteles darauf hin, dass jede „Tugend" (heute sagt man „richtiges Verhalten" dazu) in zweierlei Hinsicht verfehlt werden kann, wenn man nämlich ihrem konträren oder kontradiktorischen Gegensatz folgt. So steht z. B. die Sparsamkeit zwischen Geiz und Verschwendungssucht.

Wohl wissend um die intellektuelle Anfechtbarkeit der Grundlagen politischer Ideologien haben Opportunisten keine Schwierigkeit damit, sich zu betätigen, wo Vorteile winken. Im folgenden werden sich manche auf die Füße getreten fühlen, wenn Fakten auf den Tisch kommen. Liebe Leserinnen und Leser, lassen Sie sich das auf der Zunge zergehen! Ich wünsche Ihnen dabei neue Erkenntnisse und viel Vergnügen.

München, im Dezember 2020   Der Autor

1. Realität

Weil die Realität für die Beurteilung von Ideologien so wichtig ist, bedarf es einer Definition und Betrachtung derselben. Gehen wir von der im Vorwort zitierten Definition Thomas von Aquins, der adaequatio rei ac intellectus aus, und sehen wir uns andere Ansätze an.

Wegen der Heisenbergschen Unschärferelation ist z. B. die Messung des Impulses eines subatomaren Teilchens umso ungenauer, je genauer sein Ort bestimmt werden kann und umgekehrt. Dies gilt auch für andere komplementäre Paare physikalischer Größen. Daraus kann man aber nicht schließen, dass eine Erkenntnis der Wirklichkeit nicht möglich sei, denn Heisenberg stellte nur eine durch den Wellencharakter der Materie bedingte systematische Meßungenauigkeit fest, die um viele Zehnerpotenzen unterhalb der Erkennbarkeit in der Makrowelt liegt, und darum so lange von der Wissenschaft nicht entdeckt wurde. Sie hat deshalb für die praktische Realitätserkenntnis in der Alltagswelt keine Bedeutung. Ebenso tut die Relativitätstheorie der Kausalität im Alltag keinen Abbruch.

Der deutsche Idealismus z. B. behauptete, die Welt würde dadurch „entstehen", dass ein Individuum sie betrachte. Für dieses sieht es vielleicht so aus, aber es ist nicht nachvollziehbar, die Beobachtung der Realität mit ihr selbst zu verwechseln. Es existiert nicht nur, was wahrgenommen wird. Die Begriffe Objekt oder Gegenstand machen deutlich, dass uns etwas „entgegengeworfen" wird oder uns „entgegensteht". Es würde auch unabhängig von uns „existieren", sozusagen aus der Umgebung „herausstehen", wie es die wortwörtliche Übersetzung nahelegt.

Ein paar Bemerkungen zur Wahrnehmung. Laut Kant nehmen wir nicht das Ding an sich wahr. In der Praxis machen wir uns ein Bild davon. Das stimmt auch mit der Physiologie des Sehens überein: von einem Gegenstand reflektiertes Licht trifft auf die Zäpfchen der Netzhaut, der elektrische Impuls wird vom Sehnerv in ein neuronales Signal umgewandelt und vom Gehirn „gesehen". Dass Zeugen oft einen Vorgang verschieden schildern, hängt damit zusammen, dass Wahrnehmung bedürfnisgeleitet ist, wie die Psychologie festgestellt hat. Daraus kann man nicht folgern, dass es sich um verschiedene Vorgänge gehandelt habe.

Wenn ihnen der Vorfall so erschien, sagt das nicht unbedingt etwas über die Realität aus; der Richter hat nun die unbequeme Aufgabe festzustellen, was Fakt ist. Hätte sich die exakte Wissenschaft der Physik mit ihrer mathematischen Formelsprache von der Realität kein richtiges Bild gemacht, und wären die Ingenieure nicht danach verfahren, hätten Menschen nicht zum Mond und wieder zurückfliegen können. Auch Einsteins Relativitätstheorie wurde experimentell bestätigt, sie ist also wahr im Sinne Thomas von Aquins, und seine Definition von Wahrheit erweist sich als brauchbar.

2. Begriffe

„Mit Worten läßt sich trefflich streiten, mit Worten ein System bereiten." Goethe meinte: „Ich kann das Wort so hoch nicht schätzen, ich muß es anders übersetzen." Das taten auch die Autoren der Septuaginta (LXX), die die hebräische Bibel ins Griechische, die damalige lingua franca des Mittelmeerraumes übersetzten, weil viele hellenisierte Juden nicht mehr Hebräisch verstanden. Jes. 7, 14 lautet: „Die junge Frau (ha almah, eine bestimmte Frau) hat empfangen (hará, Vergangenheit) und wird einen Sohn gebären" Sie übersetzten ha almah falsch mit parthénos (Jungfrau), was hebräisch betulah geheißen hätte. Matthäus zitierte so in seinem Evangelium und packte manipulativ noch einen Fehler dazu: „Eine Jungfrau wird empfangen und einen Sohn gebären." Die Stelle bei Jesaia bezog sich auf eine Zusage Jahwes an König Achas, seine beiden königlichen Widersacher würden zuschanden werden, noch bevor das besagte Kind Gut und Böse unterscheiden könne. Dessen Geburt sende ihm Jahwe als Zeichen. Wegen der falschen Übersetzung wurde die Stelle als Voraussage der Geburt Jeschuas durch eine Jungfrau mißdeutet und von der Kirche dogmatisiert. Auch andere berühmte Persönlichkeiten der Religionsgeschichte seien auf wunderbare Weise zur Welt gekommen.

Das „jüdische Volk" ist wegen der langen und ausgedehnten Diaspora eigentlich ethnisch kein Volk, worauf Schmidt-Salomon hinwies, vielmehr hielt es die Mosaische Religion zusammen, die heute viele ablehnen. Gemäß othodoxer und konservativer Auslegung der Halacha, der jüdischen verpflichtenden Religionsvorschriften, gilt jeder Mensch als Jude, der eine jüdische Mutter hat, unabhängig davon, ob oder wie sehr er jüdische Glaubensvorschriften befolgt oder nicht. Dabei ist es Bedingung, dass die Mutter bei der Empfängnis Jüdin nach der Halacha sein muss. Im

Jahr 2008 flammte in Israel die Debatte mit besonderer Schärfe auf, nachdem das Oberste Rabbinatsgericht die Entscheidung des lokalen Rabbinatsgerichts von Aschdod bestätigte, dass die Konversion einer Frau, die vom Siedlerrabbiner Chaim Druckman vorgenommen worden war, wegen Verletzung der Halacha für ungültig zu erklären sei. Diese Auffassung mutet etwas rassistisch an und negiert nebenbei die Tatsache, dass der Tanach nur die patrilineare Abstammung kennt. Rabbiner beschlossen später einfach etwas Anderes und änderten damit das angeblich von Jahwe dem Mose für Israel gegebene Gesetz. Priester maßten sich hier, im Katholizismus und im Islam Einiges an! Der Prophet befahl z. B. keinen Shador.

Ein paar Worte zum Begriff „Antisemitismus". Wer die Sache so simplifiziert wie der Hotschkesmacher Ephraim Kishon es tat, und behauptet: „Wer gegen Israel ist, ist Antisemit," bedient damit intellektuell nur die unterste Schublade. Nicht nur Juden, sondern <u>auch ihre Brüder, die Araber, sind Semiten,</u> und wer wie Israel seit Jahrzehnten 3,5 Millionen Palästinensern Unrecht antut mit der Politik faschistoider Likud-Premierminister und ihrer rechtsextremen Hiwis, die das palästinensische Volk und seinen berechtigten Anspruch auf einen eigenen Staat unterdrücken, handelt nach dieser Diktion ebenfalls „antisemitisch". Korrekt müsste der Begriff „Antijudaismus" lauten. In politischer Hinsicht ist es richtig, von „Antizionismus" zu sprechen.

Auch der Sozialismus verstand es, Begriffe mit großem Erfolg zu verfälschen: er habe im Vergleich zum Westen angeblich eine Volks-Demokratie, mußte sich aber 1989 belehren lassen, wer „das Volk" ist, und dieses jagte die Spezialdemokraten zum Teufel. Die SED unterdrückte das Volk 40 Jahre lang und ließ 90 % für 10 % malochen, u. a. für den Luxus der Spitze in Wandlitz. Gregor Gysi war ihr letzter Vorsitzender. Sie benannte sich in SED/PDF um, fusionierte mit der WASG und hieß fortan „Die Linke". So brachte sie es tatsächlich fertig, sich als Ossipartei darzustellen. Das war insofern nicht ganz falsch, weil sich zahlreiche frühere Kader dort wiederfanden. Gregors Gysis Vater Kurt war in der DDR Staatssekretär für Kirchenfragen. Nach Berichten von Kirchenleuten habe er die dortigen Kirchen nach Kräften niedergehalten. Bezüglich Gregor Gysis ist in einem Protokoll von der Autofahrt eines „IM" mit „Erwin" die Rede. Dieses wird von Herrn Thomas Klingenstein, geb. Erwin, selbst auf die Rückfahrt von einem

Besuch bei Havemann am 3. 10. 1979 bezogen. Er erklärte, er sei mit niemandem außer Gysi auf der Rückfahrt zusammen gewesen, der Text könne sich nur auf Gysi beziehen. Die Bundesbeauftragte für die Stasi-Unterlagenbehörde, Marianne Birthler, sagte aus, es gebe in ihrem Haus keinerlei Zweifel daran, dass der IM (Informelle Mitarbeiter) „nach Aktenlage nur Gregor Gysi gewesen sein könne." Dieser bestreitet es, unterlag aber in einem Prozeß vor dem Berliner Verwaltungsgericht. Frau Birthler konnte den Verdacht, Gysi habe wissentlich und willentlich für die Stasi gearbeitet, nicht durch Details belegen; insofern bekam Gysi im Prozeß gegen das ZDF von der in der Bundesrepublik Deutschland rechtsstaatlich verfahrenden Justiz Recht.

Das i s t Demokratie.

3. Politische Lügen

Dass Donald Trump massiv lügt, fake news produziert und mit Vorliebe andere Menschen beleidigt, ist unterdessen allgemein bekannt. Diesen Tatsachen und seiner Unfähigkeit im Umgang mit der Corona-Pandemie hat er es wohl zu verdanken, dass er nicht wiedergewählt wurde. Trotzdem feier(te)n seine Anhänger diesen bad loser vorher und nachher frenetisch. Wie ist das möglich? Er bediente gekonnt Evangelikale: sie glauben wörtlich, Gott habe die Welt in 6 Tagen geschaffen, diese sei 6000 Jahre alt (selbst wenn man ihnen Millionen Jahre alte Dinoknochen vor die Nase hält, die sie als fake abtun), und sie verbieten die Behandlung der Evolutionstheorie im Unterricht. Die US-Evangelikalen können sich nur noch mit Jehovas Zeugen um den 1. Rang bei der dämlichsten Bibelauslegung streiten. Trump instrumentalisierte ferner die Ängste weißer Männer im Rostgürtel der USA, denen es wirtschaftlich nicht gut geht. Rassenhaß und Vorurteilen weißer Südstaatler trat er nicht entgegen und verniedlichte brutale Polizeigewalt. Er schützte das miese Geschäft der US-Waffenlobby und hob Obamacare auf, angeblich um zu sparen, doch seine Millionärsclientel fütterte er mit weiteren Steuergeschenken.
Ein Fall für sich ist Putin. Seiner eigenen Aussage zufolge bewundert er den größten Lügner der Nazis, Dr. Goebbels. Putin muß wohl noch dazulernen, wie seine hanebüchene Lüge im Fall Nawalny Präsident Macron gegenüber zeigt. Aber schön alles der Reihe nach: im Flugzeug wand sich Nawalny plötzlich vor Schmerzen und schrie. Den Schrei bekam ich durch das Video eines Bloggers mit. Die Piloten regierten

sofort und landeten in Tomsk. Der dortige Notarzt diagnostizierte eine Vergiftung und spritzte korrekt Atropin. Die Flasche, aus der Nawalny getrunken hatte, nahm eine Begleiterin geistesgegenwärtig an sich. Im Krankenhaus in Tomsk erschienen alsbald dunkel gekleidete Männer, angebliche Ärzte (Welcher Arzt trägt keinen weißen Kittel?) Als ich diese auf einer russischen Website sah, beschlich mich sofort der Gedanke an die Gestapo der Nazis, die meinem Vater an einem Sonntagabend 1944 trotz UK-Stellung wegen seines Herzleidens, persönlich einen Einberufungsbefehl zustellte, um zu zeigen, wer das Sagen hat. Er war ihr auf die Füße getreten, weil er als Richter und Vorstand des lokalen Gefängnisses dem Oberstaatsanwalt wegen ihrer grausamen Verhörmethoden Anzeige erstattet hatte, und ein SA-Nazi seinen Posten haben wollte. Dieser Typ machte nach dem Krieg im SPD-Musterland Hessen Karriere. Ich hoffe, dass sie von seiner braunen Vergangenheit nichts wußten. Aber weiter mit dem Fall Nawalny. Nach der Kenntnis meiner Frau, die in Rußland einen höheren Rang bei der Polizei bekleidete, handelte es sich um FSB-Angehörige (= Geheimdienst + Sonderpolizei), die eine Vergiftung völlig ausschlossen, jedoch behaupteten, Nawalny hätte „Kreislaufstörungen". Als er ins Koma fiel, gaben sie Diabetes als Diagnose an, injizierten ihm aber keine Glukoselösung, was jeder Arzt selbstverständlich getan hätte. Nach Tagen (als nach Meinung der „Ärzte" eine Vergiftung nicht mehr nachzuweisen war), erlaubte Putin seinen Transport in die Berliner Charité. Bundeskanzlerin Merkel hatte sich dafür eingesetzt. Ein Labor der Bundeswehr und unabhängig davon 2 Labors in Frankreich und der Schweiz stellten eine Vergiftung mit einem verbotenen Kampfstoff aus der Novytschok-Gruppe fest, wie bei Skripal und seiner Tochter in Salisbury. Rußland verlangte daraufhin, dass auch ihm das Beweismaterial zur Verfügung gestellt würde – und das, obwohl Rußland überführt worden war, die Urinproben seiner gedopten Athleten von Staats wegen ausgetauscht zu haben – der Gipfel der Unverfrorenheit. Als die Vergiftung nicht mehr abzuleugnen war, behauptete Rußland, man habe Nawalny während des Fluges oder in Deutschland vergiftet. Jeder Kriminalist lacht über diese dumme Lüge: cui bono? Hier hätte keiner ein Motiv dafür, aber Putin ein vitales Interesse, seinen schärfsten Kritiker aus dem Weg zu räumen, wie zuvor Berezowskij, der sich mit Putin überworfen hatte, die Journalistin Politkovskaja, die Putin hart kritisierte, oder Litwinenko, Nemzov und gut 20 andere. Anläßlich seines Besuches bei Macron tischte Putin die irre Lüge auf, Nawalny habe sich selbst vergiftet. Macron reagierte irritiert und zweifelte wohl an der geistigen Gesundheit Putins. Kann man Novytschok in Rußland ganz einfach in der Apotheke kaufen? Aber weshalb sollte es Nawalny nehmen und vor allem warum so: die Trinkflasche wies nur an ihrer Außenseite Spuren des Giftes auf. Wer würde beim Selbstmord sauberes Wasser aus der Flasche trinken und dann die Flasche oder seine Hände ablecken? Lügen haben in Rußland Tradition: Eltern bringen ihren Kindern zu lügen bei, wenn sie zu spät zur Schule kommen, diese etwa schwänzten, oder die Hausaufgaben nicht gemacht haben. Der britische Historiker Christopher Clark zitiert in seinem Buch „Die Schlafwandler" einen britischen Minister, der 1903 dem 1. Lord der Admiralität schrieb: „Die Geschichte der russischen Diplomatie ist eine lange Geschichte von lauter Lügen." Zarin Katharina die Große gab Fürst Potemkin Geld mit dem Befehl, Häuser für Arme zu bauen, er steckte das Geld jedoch ein, baute nur Fassaden, und führte seine Zarin in einer verhängten Kutsche flugs dran vorbei, als sie das Ergebnis sehen wollte. Ein Sprichwort sagt: Wer lügt, der stiehlt. Meine russische Frau war baß erstaunt, daß in öffentlichen Anlagen der BRD Rosenstöcke und Blumen aller Art stehen. In Rußland sagte sie, würden sie schon in der 1. Nacht verschwinden. Viele Russen sind gar nicht an der Wahrheit interessiert; sie machen sich als angebliche (unkritische) „Patrioten" die ständig gehörten Propagandalügen zu eigen und zeihen westliche Darstellungen der Lüge. Ich scheiterte mit meinen entsprechenden Versuchen bei einem russischen Rechtsanwalt, mit dem ich mich ansonsten gut unterhalten konnte, und gewann den Eindruck, dass die Leute die Propaganda glauben wollen. Glauben kommt nicht vom Wissen, sondern vom Hören (besser vom Hörensagen), wie auch die Kirche lehrt: ex auditu. Ein Sprichwort ergänzt: Fama crescit eundo." Ein Gerücht wächst, je länger und weiter es läuft. Für jede Propaganda und Desinformation gilt: „Semper aliquid haeret." Etwas bleibt immer hängen. Und wenn man es nur oft genug zu hören bekommt, bleibt viel hängen. Das gilt dann als Wahrheit, ich nenne es die „russische Wahrheit". Ende Oktober 2020 passierte in Penza/Rußland Folgendes: eine antifaschistische Gruppe junger Leute dachte wohl etwas zu laut über die Verhältnisse in Rußland nach, jemand verpfiff sie beim FSB oder bei der Polizei, und man beschuldigte sie des„Terrorismus ohne Waffen", weil sie angeblich einen Angriff auf Jedinaja Rossija (Putinpartei „Einiges Rußland") geplant hätten. Sie wurden im Gefängnis mit Stromstößen gefoltert, zusammen mit Tbc-Kranken in derselben Zelle eingesperrt, bis einige von ihnen auch Tbc bekamen, und ihre Penisse mit einer Nadel durchstochen. Als Strafe erhielten sie 6 – 18 Jahre verschärfte Haft (hard regime, wie man im Russischen sagt), und kein korrupter, putinhöriger Richter gab ihnen rechtliches Gehör. Wenn jemand unter derlei Umständen Propaganda nachbetet, weil er Angst hat, ist das verständlich.

4. Unwahrheiten der Religionen

Die recht umfangreiche Thematik samt Islamismus habe ich in meinem Buch „Raus aus dem religiösen Tertiär!" (GRIN Verlag, München, 2. Aufl. September 2020) dargestellt. Ich spare das Thema daher hier aus.

5. Nationalismus/Chauvinismus

Seit der Krönung Karls des Großen 800 durch den Papst in Rom galt das Paradigma des Frankenreiches, ab 962 des (erneuerten) Heiligen Römischen Reiches, ab dem Ende des 15. Jahrhunderts mit dem Zusatz „deutscher Nation", bis zum 30-jährigen Krieg. Dieser schwächte faktisch die Zentralgewalt so sehr, dass im Westfälischen Frieden 1648 die Schweiz und die Republik der Vereinigten Niederlande aus dem Reichsverband ausschieden. Ihr südlicher Teil blieb vorerst bei Spanien; daraus entstanden nach diversen Wechselfällen 1830 das souveräne Belgien und Luxemburg. Das Reich war zu einem Sammelsurium von etwa 300 Klein- und Kleinststaaten geworden, Böhmen mit (damals noch) Schlesien war der größte davon. Zuvor zogen deutsche Kaiser immer wieder nach Italien, um sich dort krönen zu lassen, oder auch, um in rebellischen Städten oder Landesteilen ihre Herrschaft zu behaupten.
Im 19. Jahrhundert trat der Nationalismus seinen Siegeszug an. Anfangs war er eine emanzipatorische Idee, die gegen Fürstenregimes den Willen des Volkes betonte, als Nation gleicher Herkunft, Sprache und Kultur in einem gemeinsamen Staat zu leben. Den auch von Vaterlandsliebe getragenen Ansatz übertrieb jedoch zunehmend der Chauvinismus, der nach einer Theaterfigur benannt, seine radikalen Thesen ausposaunte. Er überhöhte die eigene Nation („Du bist nichts, die Nation ist alles"), setzte andere Nationen überheblich herab, und entwickelte ein Sendungsbewußtsein, andere nach den eigenen Vorstellungen zu formen, wie: „Am deutschen Wesen soll die Welt genesen." Zu Recht spottete einst Tucholsky: „Worauf man in Europa stolz ist: Franzose, Engländer, Deutscher, oder kein Franzose, kein Engländer oder kein Deutscher zu

sein." Was ist am deutschen Nationalismus wahr, der die „Reinheit des Blutes bewahren" wollte? Das „deutsche Volk" entstand im wesentlichen aus den Stämmen der Sachsen, Franken, Schwaben/Alemannen und Bayern, integrierte jedoch eine Menge Slawen wie Wenden, Sorben, Pruzzen (Preußen), Pommeranen, noch mehr Angehörige anderer Ethnien im Zuge der deutschen Ostkolonisation (in einer alten Urkunde heißt es „Wien im Slawenland"), im 19. Jh. im Ruhrpott Polen als erste Gastarbeiter, und nach dem Krieg Millionen Volksdeutscher, auch mit fremdem Einschlag, (daher wurden wir als „Beutedeutsche" apostrophiert), sowie viele Gastarbeiter, die deutsche Staatsbürger wurden. Was ist da bitte „echt deutsch"? Ein Sprichwort sagt: „Dummheit und Stolz wachsen am selben Holz." In Europa, das aus der Vielfalt seiner Kulturen entstanden war, hatte man damals nichts kapiert, heute kauen einige das abgestandene Zeug wieder.

Die Habsburger legten wegen des Verrats der Rheinbundstaaten 1806 die deutsche Kaiserkrone nieder, blieben aber Oberhaupt des 1804 begründeten „Kaisertums Österreich", und diesem blieb der Vielvölkerstaat. Wegen des Nationalismus gärte es dort zunehmend: in Venedig wollte ein proletarisches Opernpublikum das Kaiserpaar provozieren, als es nach einigen Takten der Kaiserhymne lauthals den Gefangenenchor aus Verdis Revolutionsoper „Nabucco" sang; die österreichischen Erzherzöge als Statthalter der italienischen Reichsteile mahnten dringend Reformen an, und der Balkan wurde zunehmend zu einem Pulverfaß, insbesondere seit Österreich-Ungarn das aus dem langsam verwesenden Osmanischen Reich stammende und von ihm bereits 1878 besetzte Bosnien-Herzegowina 1908 annektierte. Schon 1866 nach der Niederlage Österreichs gegen Preußen wollte sich Ungarn von Österreich trennen. Durch die Diplomatie Kaiserin Elisabeths mit Unterstützung Graf Andrassys gelang ein Kompromiß: in einer künftigen Doppelmonarchie Österreich-Ungarn waren beide Länder in Personalunion durch denselben Monarchen sowie in Realunion nur auf bestimmten Gebieten wie z. B. einer gemeinsamen Außen-, Verteidigungs-, und Währungspolitik verbunden. Kaiser Franz-Josef ließ sich in der Folge zum ungarischen König krönen, während er eine Krönung zum König von Böhmen unvernünftigerweise ablehnte. In der Folge gab es vor allen in Böhmen zwischen Tschechen und Deutschen viele Probleme, während der österreichischen Regierung der Mährische Ausgleich gelang. Kaiser Franz-Josef verstand die Zeichen der Zeit nicht und hielt an seinem veralteten Verständnis von Monarchie fest. Der von Dr. Spannagl liberal erzogene Sohn Kronprinz Rudolf hätte das Ruder vielleicht herumreißen können, aber nach einer Verschwörung gegen seinen Vater, an der er anscheinend beteiligt war, und die vor dem Auffliegen stand, sah er wohl keinen anderen Ausweg als den Selbstmord zusammen mit seiner romantischen Geliebten, der jugendlichen Comtesse Vecera. Der nachrückende Thronfolger Franz-Ferdinand war nicht der richtige Mann, er ignorierte z. B. die beim Staatsbesuch 1914 in Sarajevo nach einem 1. Anschlag manifest gewordenen Sicherheitsmängel, und mußte die Schlamperei wie seine Sturheit mit dem Leben bezahlen. Serbiens Nationalisten der „Schwarzen Hand" wollten mit Unterstützung Rußlands die Doppelmonarchie schwächen, die serbische Regierung schlug das Ultimatum Österreich-Ungarns in den Wind, und letzteres erklärte Serbien den Krieg. („Serbien muß sterbien"). Ihm trat Rußland bei, und Deutschland in „Nibelungentreue" an die Seite von Österreich-Ungarn. Die Katastrophe war da, keiner sah sie, alle waren sie kriegsbesessen.

Wie die britischen Autoren McGregor und Dougherty aufdeckten, hatte sich in Großbritannien vor dem 1. Weltkrieg eine Geheimgruppe unter der Führung Alfred Milners gebildet, zu der Politiker und Financiers gehörten, und die an allen demokratischen Institutionen vorbei das Reich in einen Krieg verwickeln wollte, um damit den lästigen Konkurrenten um Macht und wirtschaftlichen Einfluß ein für allemal loszuwerden. Dazu gesellten sich französische Revanchisten, wie vor allem in Versailles der „Tiger" Clemenceau, die den Verlust des Krieges von 1870/71 nicht verschmerzen konnten, und auf Rache sannen. Auch Churchill stieß dazu. Die Zuweisung der alleinigen Kriegsschuld am 1. Weltkrieg an Deutschland, die unvernünftig harten Bedingungen des Diktatfriedens von Versailles und die Weltwirtschaftskrise von 1929 förderten das Heraufkommen Hitlers. Der Chauvinismus führte letztlich zu Faschismus, Nationalsozialismus und zu den ethnischen Säuberungen im Jugoslawienkrieg. Manche Länder scheinen bis heute nichts daraus gelernt zu haben.

6. Faschismus

Fasces, kordelumschnürte Rutenbündel mit einem Beil, wurden als Amtssymbol etruskischen und später römischen höheren Amtsträgern von Dienern, den Liktoren, vorangetragen. In neuerer Zeit verwendeten die USA, Frankreich und Italien dieses Symbol. Ursprünglich waren die fasci di lavoratori und die fasci siciliani eine Art außerparlamentarische Opposition von Landarbeitern, und erst später wurden sie zum Parteiabzeichen des Partito Nazionale Fascista. Mussolini knüpfte bewußt an den Ruhm und die Macht des Römischen Reiches an. Der Begriff „Faschismus" war inhaltsleer und bezog sich zuerst auf aufwieglerische Anhänger des Syndikalismus („Bündlertum"), bis sich Mussolini scharf vom Sozialismus und Kommunismus abgrenzte, und sich damit für den Mittelstand, die Kirche, Beamte und die Armee wählbar machte.

Nach dem Marsch auf Rom wurde Mussolini 1922 italienischer Ministerpräsident. 1932 legte er in „La dottrina del Fascismo" seine Ideologie dar: extremer Nationalismus, eine durch Krieg angestrebte Großmachtstellung, im Mittelmeerraum, den Willen zur Macht (Nietzsche), das Führerprinzip, die direkte Aktion und eine vom Geheimdienst überwachte Verschmelzung von Staat und Einheitspartei. Der Staat „übernahm" auch den Sport, Diktatur und Personenkult waren ausgeprägt.

Zur Eroberung von „Lebensraum" führte Mussolini 1923 – 32 den 2. italienisch-lybischen Krieg, ab 1935 den Abessinienkrieg, er beteiligte sich 1936 am Spanischen Bürgerkrieg, besetzte 1939 Albanien, trat 1940 in Hitlers Westfeldzug ein, und brach den griechisch-italienischen Krieg vom Zaun. 1941 kämpften die italienischen Streitkräfte gegen die Sowjetunion und in Nordafrika. Im Zuge des von ihm propagierten „vivere pericolosamente" (gefährlich leben) erlitten seine Armeen einige Schlappen, aus denen sie Hitler durch deutsche Truppen heraushauen lassen mußte („Duce, das werde ich Ihnen nie vergessen"; er meinte dessen Stillhalten beim Anschluß Österreichs). Mussolini veranlaßte ethnische Säuberungen, ließ Konzentrationslager errichten (wie es die Briten in Südafrika vorgemacht hatten); Agitation gegen Juden und Rassegesetze folgten erst später. Nach der alliierten Eroberung von Teilen Siziliens und einer Sitzung des Großen Faschistischen Rates sprach Mussolini beim König vor. Dieser, um seinen Thron bangend, setzte den

Duce ab und ließ ihn verhaften. Italien wechselte wieder die Seite zu den späteren Siegern und erhielt eine neue Regierung unter Ministerpräsident Marschall Badoglio. Auf Befehl Hitlers befreite Otto Skorzeny den Duce mit einem Husarenstück. Der „Führer" ermöglichte ihm unter dem Schutz der SS, angeblich gegen Übergabe der italienischen Goldreserven, die Herrschaft über den Operettenstaat der „Repubblica di Salò" am Gardasee. Meine italienische Zimmerwirtin in Sirmione lieh mir einmal das Buch „I segreti del Garda" (Die Geheimnisse des Gardasees), in dem Mussolinis letzte Tage mit seiner in der „Torre dei Sospiri" (Turm der Seufzer) wohnenden Geliebten Claretta Petacci nochmals zum Leben erweckt wurden. Nach gescheiterten Waffenstillstandsverhandlungen versuchte Mussolini, in einem hochgeschlossenen deutschen Uniformmantel als einfacher Soldat verkleidet und mit einem tief ins Gesicht gezogenen Hut - sein Aufzug hätte in eine italienische Oper gepaßt - zusammen mit seiner Geliebten ins Ausland zu fliehen, wurde aber von partigiani rossi erkannt. Man erschoß beide, und die geschändeten Leichen wurden kopfüber am Marktplatz aufgehängt. Mussolini lebte wirklich gefährlich.

Auch in anderen europäischen Staaten etablierte sich der Faschismus: in Spanien, Portugal, Kroatien, Ungarn, Rumänien, der Slowakei und während der deutschen Besetzung in Norwegen. Bulgarien erlebte eine Königsdiktatur; auf deutschen Druck flossen in sie auch faschistische Elemente ein, die Bevölkerung war aber wenig involviert.

Heutzutage bereiten die Regime in Ungarn und Polen Unbehagen, weil sie die Meinungs- und Pressefreiheit unterdrücken und die Justiz manipulieren, was sie zumindest als undemokratisch-autoritär qualifiziert. Im Südosten will die Türkei zwar der EG beitreten, erfüllt aber seit 20 Jahren mehrere Beitrittsbedingungen nicht. Der frühere türkische Ministerpräsident Yilmaz verspottete seinerzeit die EU als „Christenclub". Wie er meint – aber jeder Club hat das Recht, selbst zu entscheiden, wer bei ihm Mitglied wird oder nicht.

7. Nationalsozialismus/Neonazismus

Seit 1879 bildeten sich zahlreiche Gruppen, Vereine und einige Parteien mit antijüdischen, völkischen, revisionistischen, alldeutschen und impeperialistischen Elementen. Der Germanenorden ging in der einflußreichen Thulegesellschaft auf, der die Sammlungsbewegung des Nationalsozialismus das Hakenkreuzsymbol verdankt. Ihr „charismatischer Führer Adolf Hitler" hatte das Interpretationsmonopol inne, was NS bedeutet. In den bei der Gründung der NSDAP 1920 niedergelegten 25 Grundsätzen fanden sich z. B.: Aufhebung des Versailler Vertrages, Bildung eines Großdeutschlands, (Rück)Gewinnung von Kolonien als „Lebensraum", Ausgrenzung der Juden, Arbeitspflicht, Brechung der „Zinsknechtschaft" und Verstaatlichungen als Ausdruck des Antikapitalismus, Ausbau der sozialen Fürsorge und Schaffung eines gesunden Mittelstands als Zeichen der (langsam abnehmenden) sozialistischen Komponente. Propagiert wurden Führerprinzip, Antiliberalismus, Gleichschaltung, Zensur, Kirchenkampf und Einführung der Todesstrafe. In „Mein Kampf" nannte Hitler als Ziele den Anschluß Österreichs, die Gewinnung von Lebensraum im Osten, die Eroberung Rußlands und seiner Randgebiete und legte seine Rassenideologie sowie seinen Sozialdarwinismus dar. Finanzkapital und Bolschewismus stellte er gleichermaßen als Ausgeburten des Internationalen Judentums hin, inszenierte sich als der von der Vorsehung bestimmte Führer, und schuf um sich einen Personenkult. Großindustrie, Banken, Militärs und Adel versprachen sich von der Kollaboration Vorteile, die sich später u. a. im Wege von Aufrüstung und Autobahnbau verwirklichten. Sogar das jüdische Bankhaus Warburg unterstützte Hitler, die Deutschnationalen förderten ihn, von Papen wurde 1933 Vizekanzler, um Hitler und die Nazis für seine Intentionen zu benutzen. Der als überheblicher Herrenreiter Beurteilte tönte: „In 2 Monaten haben wir ihn so in die Ecke gedrückt, daß er quietscht." Der Medienzar Hugenberg trommelte für Hitler. 1933 „übernahm" der Nationalsozialismus komplett die Gewerkschaftsbewegung, und führte den 1. Mai als „Tag der Arbeit" ein. Mit dem Vatikan schloß Hitler ein Konkordat, 1936 initiierten die Nazis jedoch eine Kirchenaustrittsbewegung („Los von Rom") und schufen den Begriff „gottgläubig".

Die spätere Kriegswirtschaft wurde zu einer Zentralplanwirtschaft, und zahlreiche mittelständische Unternehmen gingen bankrott. 1943 beauftragte man Ludwig Erhard, den späteren Wirtschaftsminister Dr. Adenauers, mit der Planung einer am marktwirtschaftlichen Prinzip orientierten Wirtschaft für die Zeit nach dem „Endsieg".

Die völlige militärische Niederlage des Nationalsozialismus in 1945 sowie die Zerstörung des ganzen Landes waren für Deutschland wohl eine der schlimmsten Erfahrungen der Geschichte. Der ideologische Größenwahn Hitlers und des Nationalsozialismus kostete 50 Millionen Menschen, darunter 6 Millionen Juden, das Leben, zerstörte Europa – und das alles nur aus falschem ideologischen Denken heraus! Aber wieder gibt es Ewiggestrige, die mit ihrer Verherrlichung der bekannten Verbrechen die Jugend, vor allem in den neuen Bundesländern, verführen. Auch die akademische Ausbildung zum Geschichtslehrer vermag Björn Höcke, Landesvorsitzender der AfD Thüringens, nicht zu differenziertem Denken und Anerkennung der Realität zu befähigen – weil er Balken im Hirn hat. Wenn das unionsgeführte Kultusministerium Hessens nicht auf dem rechten Auge blind ist, muß es gegen ihn wegen seiner pflichtwidrigen Aktivitäten für verfassungsfeindliche Ziele ein förmliches Disziplinarverfahren mit dem Ziel seiner Entfernung aus dem Dienst einleiten. Als man verschiedenen Leuten Zitate von Höcke und aus Adolf Hitlers „Mein Kampf" vorlegte, waren sie nicht in der Lage, sie richtig zuzuordnen. Das sagt eigentlich alles. Heil Höcke wird wie sein Spießgeselle Andreas Kalbitz vom Verfassungsschutz beobachtet. Liest man dessen Biografie bei Wikipedia, ist er einer der schlimmsten Neonazis. Sogar die AfD schloß ihn am 15.05.20 wegen Verschweigens (!) seiner rechtsradikalen Mitgliedschaften beim Eintritt rechtsgültig aus der Partei aus, das Berliner Landgericht lehnte seinen Eilantrag dagegen am 21.08.20 ab. Einen Parteifreund schlug er, unbeherrscht wie er ist, so in den Magen, dass dieser mit Milzriß (wegen der Gefahr inneren Verblutens lebensgefährlich!) ins Krankenhaus eingeliefert wurde. Der Vorsitzende der AfD, Prof. Meuthen, schloß Kalbitz nicht etwa wegen seines heutigen Rechtsradikalismus aus, sondern sah sich offensichtlich zum Ausschluß mittels des erwähnten juristischen Tricks gezwungen, weil er für das Image der AfD fürchtete. Aber eigentlich paßt Kalbitz hervorragend dazu: keine Vernunft, Zuschlagen, und eine Menge ideologischen Quatschs, den er bei seiner rechtsradikalen Entwicklung verinnerlichte. Beruflich war er offenbar ein Versager - wie Hitler – er hat sich wohl darum „entschlossen, Politiker zu werden" - so wie Hitler. Gott bewahre uns aber davor, dass wieder braune Horden „die Macht ergreifen", um „aufzuräumen", wie es einige von ihnen bereits angekündigt haben.

AfD = Auffangbecken für Dummdreiste.

8. Rassismus

Rassismus ist eine Ideologie, die Menschen aufgrund äußerlicher Merkmale kategorisiert, unzulässig auf Charakter und Begabung schließt, alles von sich selbst Verschiedene als minderwertig ablehnt und als Rechtfertigung für Unterdrückung und Ausbeutung dient. Der Begriff „Rasse" ist bei Menschen biologisch nicht zu begründen, nicht einmal bei freilebenden Wildtieren, nur bei gezüchteten Haustieren. Ostafrikaner stehen genetisch Weißen näher als indigenen Südafrikanern (!) Rassismus soll als quasi-wissenschaftliches Mäntelchen für Herrschaftsverhältnisse und zur Mobilisierung von Menschen für politische Ziele dienen. Er führt zu Vorurteilen, Diskriminierung, Rassentrennung, Sklaverei, Pogromen bis zu ethnischen Säuberungen, und erweist sich als üble Ideologie. Kultur, soziale Stellung, Begabung und Charakter sind keineswegs durch die erbbiologische Ausstattung determiniert, sondern ebenso ein Produkt von Bildung; es lassen sich daraus keine vermeintlich natur- oder gottgegebenen Herrschaftsordnungen ableiten.

Das indische Kasten(un)wesen stellt die älteste Form quasi-rassistischer Diskriminierung autochthoner Völker (Drawidas) durch die ab 1500 vor Chr. in Nordindien einwandernden Arier dar, und wird bis heute für Ausbeutung instrumentalisiert. Der moderne Rassismus war religiös begründet. Ab der Reconquista 1492 verfolgte man Juden und Muslime als Eindringlinge oder marranos (Schweine), und vertrieb sie. Selbst die Taufe reichte nicht aus, den Makel zu tilgen; ihr Wesen liege ihnen sozusagen im Blut, und die Inquisition achtete darauf, dass sie nicht im Geheimen rückfällig wurden. Die „Statuten von der Reinheit des Blutes" (1449) der einstigen spanischen Hauptstadt Toledo stellen frühe Nürnberger Rassegesetze katholischer Provenienz dar. Die moderne Anthropologie (Carl von Linné, de Buffon, Blumenbach) begründete den Schluß von physischen Merkmalen auf geistig-moralische Werte, und bereitete den Weg für den säkularen Rassismus im Werk von Joseph-Arthur Comte de Gobineau (1816 - 1882), der die „arische Herrenrasse" erfand. Sein Essay über „Die Ungleichheit der Menschenrassen" (1853/55) diente US-Rassisten aus dem Süden zur Rechtfertigung der erst 1865 von Abraham Lincoln abgeschafften Sklaverei, deren Verbot ihn das Leben kostete.

Rassismus als politische Theorie ist ein Mythos, ein Deckmantel für egoistische ökonomische Ziele und ein Versuch, den Nationalismus zu begründen. Eigentlich wurden Schwarze, Indianer und Juden Opfer verschiedener Rassismen. Der Einzelne wird aufgrund eines angeblich kollektiven unveränderlichen Makels seiner Gruppe abgewertet. Rassismus kompensiert psychische Defekte seiner Verfechter und dient der Herrschaftssicherung. Neuerdings werden statt biologischer angebliche kultische oder religiöse Unterschiede als Begründung angeführt. Dabei geht es letztlich um die Versagung von Menschenwürde und Menschenrechten der Betroffenen. Bei der Eroberung Mittel- und Südamerikas wurden die Indianer versklavt, mit Alkohol willig gemacht und physisch ruiniert, da ihnen das Enzym ADH zum Abbau von Alkohol fehlt. Um sie vor der Vernichtung zu retten, griff Bischof de Las Casas die schreckliche und grausame Behandlung durch die Spanier oftmals, auch beim König an, allerdings wegen der Intrigen seiner Gegner mit mäßigem Erfolg. Am Handel mit schwarzen Sklaven waren England mit 41,3 %, Portugal mit 29,3 %, Frankreich mit 19,2 %, Holland mit 5,7 %, die USA mit 3,2 %, Dänemark mit 1,2 %, und Schweden/Brandenburg mit 0,1 % % beteiligt. Sogar Schweizer Familien schufen ihr Vermögen durch Sklavenhandel (Maria Tenisch: „ Die schwarze Seite von Neuenburg", Sendung im SRF am 01.11.2013). Man schätzt, dass etwa 11 – 15 Millionen Menschen versklavt wurden. In Sansibar sah ich rostige Sklavenketten und Halsringe von früher. Eine Gasse beim Sklavenmarkt hieß auf Kisuaheli „Lege Deine Seele nieder"; dort begingen Sklaven, die es irgendwie schafften, Selbstmord, um nicht ihr Leben in Sklaverei verbringen zu müssen. Die Sultane von Sansibar bezogen ihren Reichtum nicht, wie von ihnen behauptet, aus dem Gewürzhandel, sondern aus dem Verkauf von rund 60.000 Sklaven.

In den USA nahm die Sklaverei wegen der Industrialisierung im Norden ab, im Süden blieb sie infolge des Einsatzes von Sklaven auf den Reis- und Baumwollplantagen ein wesentlicher Grund für den Reichtum und die „Pracht des alten Südens" bis zum Bürgerkrieg. Der Rassismus besteht vor allem dort bis heute fort. (Ku-Klux-Klan und Polizeigewalt vor allem gegen Schwarze). In Brasilien gibt bis heute in extremer Art die Hautfarbe den Ausschlag für den sozialen Erfolg. Je höher der Anteil an Weiß ist, desto besser. König Leopold II. von Belgien ließ in Belgisch-Kongo, der zuerst ihm gehörte, eine Schreckensherrschaft errichten.

Während es schon früher zu Massakern an Armeniern durch Kurden und Türken gekommen war, wurden von 1915 bis 1917 ca. 1 – 1,5 Millionen in Nordost-Anatolien siedelnde armenische Zivilisten Opfer von Deportationen in die syrische und mesopotamische Wüste sowie des bestialischsten Genozids seit Menschengedenken durch die Jungtürken. Fotos aus dieser Zeit zeigen eine Bahnstrecke, die beidseitig von Armen und Beinen der Opfer gesäumt ist. Die damalige deutsche Regierung Bethmann-Hollwegg war nicht daran interessiert, um das Verhältnis zum Bundesgenossen im 1. Weltkrieg nicht zu belasten, obwohl sie durch ihre Diplomaten sowie zahlreiche deutsche Offiziere in der Türkei über den Genozid unterrichtet war. Entsprechende Resolutionen westlicher Parlamente führen heutzutage jeweils zu Krisen in den diplomatischen Beziehungen zur Türkei, die bis heute alles ableugnet (sogar Atatürk tat das bei der Eröffnung des 1. Parlaments), und als Angriff auf den türkischen Staat strafrechtlich verfolgt. Der Deutsche Bundestag erkannte die Mitverantwortung Deutschlands an. - Aufstände der Herero und Nama in Deutsch-Südwestafrika (1904 –1907) und den Maji-Maji-Aufstand in Ostafrika (1905 –1908) schlugen deutsche Kolonialtruppen brutal nienieder. Die Douala versklavten sie.
Der Rassismus der NS-Zeit unterschied

- kulturstiftende Rassen (die arische Rasse, zu der Deutsche, Briten, Nordeuropäer und meist auch Niederländer gezählt wurden);
- kulturtragende Rassen (die meisten Asiaten und Afrikaner), und
- kulturzersetzende Rassen (Juden und Roma). Auch die „slawischen Untermenschen" wurden dieser Gruppe zugeschlagen.

Juden und Roma mußten zum Schutz der „Volksgemeinschaft" und zur „Reinerhaltung des Blutes" vernichtet werden. Sexuelle Kontakte von Angehörigen der „hochwertigen" Gruppe 1 mit Angehörigen der „minderwertigen" Gruppen 2 und 3 wurden als „Rassenschande" bestraft. Zum Ariernachweis führten die Nazis Ahnenpässe ein. Ich habe den meinen aufbewahrt (und das Hakenkreuz überklebt), weil er interessante Auskünfte über meine zu 1/3 deutschen und wegen der Nachnamen wohl zu 2/3 mährischen Vorfahren ab 1700 bietet. Irgendwann haben sie sich wohl dazu entschlossen, „sich zum Deutschtum zu bekennen", wie zur Türkenzeit viele Bosnier zum Islam.

In den 1990er Jahren kam es vorwiegend in den neuen Bundesländern zu rassistisch - fremdenfeindlich motivierten Anschlägen gegen Ausländer und Flüchtlinge (Mölln, Solingen, Rostock-Lichtenhagen, Hoyerswerda, Magdeburg, Guben und die Morde des „Nationalsozialistischen Untergrunds"). Von 1990 bis 2003 gab es mehr als 100 Todesopfer rechtsextremer Gewalt in der BRD. „Schwarze" sind als erkennbare Minderheit besonders vom Rassismus betroffen.

In der Schweiz ist der Rassismus weiter verbreitet, als die demokratische Fassade vermuten läßt. Noch nach Jahrzehnten der Assimilierung, Integration sowie Einbürgerung werden Farbige marginalisiert und teilweise wegen ihrer Hautfarbe bei Bewerbungen zurückgewiesen. Dort etablierten sich bereits 1970 Fremdenfeindlichkeit und Rechtspopulismus der SVP, die auch mit diversen „Überfremdungs-Initiativen" punktete. Die Xenophobie richtete sich früher gegen italienische Gastarbeiter, dann gegen „Asylbetrüger", und lebt sich auch in selbstgefälliger Deutschfeindlichkeit so mancher Schweizer aus. Sie vergessen dabei allerdings, dass ihre Gnomen aus der Zürcher Bahnhofstraße den Nazis mit Quecksilber verunreinigtes Gold aus den Zähnen jüdischer Holocaustopfer abkauften (teils hingen noch Zähne daran!) , und ihnen dafür das für die Kriegführung dringend benötigte Kupfer lieferten. Ein Schweizer Historiker publizierte die Story, und erntete von den Heuchlern wütende Anfeindungen. Wegen des Kupferdeals dauerte der Krieg einige Monate länger – ein brauner Fleck auf der moralingestärkten Schweizer Hemdbrust. Landsleute bekennen, Schweizer seien moralisch, solange es ihrem ausgeprägten kapitalistischen Egoismus nützt, wenn aber etwas nichts einbringt oder gar was kostet, haben sie 2 linke Hände. Sogar Calvin machte mit der Lehre, die Erwählung eines Menschen durch Gott äußere sich bereits auf Erden durch seinen Wohlstand, einen Kotau vor dieser Mentalität – Jeschua jedoch lehrte über den Reichtum das genaue Gegenteil!

Fast alle Mitgliedstaaten des Europarates haben Gesetze gegen Haßkriminalität (zu der Fremdenfeindlichkeit zählt) und Diskriminierung erlassen. Wichtig wäre es, bereits bei der politischen Bildung den Rassismus als eine dummdreiste Ideologie anzuprangern. Beispiele dafür gibt es genug.

9. Kolonialismus

Vom Kolonialismus sind begrifflich die antiken Kolonisationen der Phönizier sowie anfänglich auch die der Griechen, und zu Beginn die deutsche Ostkolonisation im Mittelalter zu unterscheiden.

Die Phönizier gründeten von etwa 1000 bis 800 v. Chr. neue Stützpunkte für den Handel z.B. in Carthago, das zeitweise das Mittelmeer wirtschaftlich beherrschte (weswegen es in einen tödlichen Konflikt mit Rom geriet), und stießen nach Portugal, in die Bretagne, nach Irland und bis nach Westafrika vor.

Die Griechen gründeten ab etwa 800 v. Chr. Kolonien in Unteritalien (das daraufhin „Graecia Magna", Großgriechenland, genannt wurde), in Sizilien (wo in Agrigent die größten Tempel der Antike stehen), in Kroatien, Südgallien (Massilia) und in Nordafrika (Cyrene, Naukratis und die Hauptstadt der Ptolemäer Alexandria). Sie besiedelten das westliche Kleinasien, (das für das junge Christentum bedeutsam wurde) und gründeten am Schwarzen Meer Byzantion, Sinope und Trapezunt. Ursachen der Auswanderung waren Bevölkerungsdruck in den engen griechischen Poleis und Handelsinteressen der Seefahrer. Die 1. Auswanderungswelle war nur sporadisch, bei der 2. wurden die ursprünglichen Einwohner oft vertrieben, unterworfen oder versklavt. Die Kolonien blieben mit dem Mutterland in Verbindung, das einen ökonomischen Aufstieg und eine Befruchtung des kulturellen Lebens erfuhr.

Als Deutsche Ostkolonisation werden die nach Osten gerichteten Missionierungs- und Landgewinnungsbestrebungen bezeichnet:

a) von Bayern aus entlang der Donau und in den Ostalpen bis zur Drau.

b) In die Gebiete östlich von Elbe und Saale wanderten im 12./13. Jahrhundert wegen Bedrückung der Bauern und Bevölkerungszunahme circa 200.000 Menschen aus. Dabei ging man nicht immer friedlich, sondern zuweilen auch ziemlich brutal mit der slawischen Bevölkerung um. Es folgten Handwerker- und Kaufmannsniederlassungen, aber auch Eroberungs- und Vernichtungsfeldzüge deutscher Fürsten (Albrecht der Bär, Heinrich der Löwe und der Deutsche Ritterorden), die bis heute den

Polen in übler Erinnerung geblieben sind. Durch die Ostkolonisation vergrößerte sich das Reichsgebiet um 1/3. In Böhmen, Polen und Ungarn entstanden deutsche Sprachinseln, u. a. das Sudentenland, in Iglau, der Zips, der Batschka und in Siebenbürgen.

Unter Kolonialismus versteht man die zumeist staatlich geförderte Inbesitznahme auswärtiger Territorien sowie die Unterwerfung, Vertreibung oder Ermordung der ansässigen Bevölkerung durch eine Kolonialherrschaft. Nach Handelshegemonien begann der eigentliche Kolonialismus erst zu Anfang der Neuzeit gegen Ende des 15. Jahrhunderts in Spanien, Portugal, den Niederlanden, Großbritannien und Frankreich, die einander sogar öfters aus Kolonien verdrängten. Rußland expandierte in Asien (Turkstaaten). Erst im 19. Jh. kamen wegen ihrer späten Etablierung als Gesamtstaat Belgien, Italien sowie Deutschland, um die Wende zum 20. Jh. die USA und Japan hinzu. China besetzte 1950 Tibet und annektierte es. Weil mehrere kleinere mittelamerikanische Diktaturen faktisch von den großen Bananengesellschaften United Fruit und Standard Fruit bebeherrscht wurden/werden, entstand die eher unfreundliche Bezeichnung „Bananenrepubliken", die heute für korrupte Regime Verwendung findet.

Bei den Kolonien unterscheidet man verschiedene Formen:

a) Beherrschungskolonie: zuerst wird sie militärisch erobert, dann eine Kolonialverwaltung eingerichtet, die die Ausbeutung ermöglicht (Indien, Togo, Taiwan und die Philippinen).

b) Siedlungskolonie: entsteht wegen religiöser Verfolgung (Pilgrim Fathers), gewöhnlich aber wegen einer aus wirtschaftlicher Not resultierenden massenhaften Siedlungsmigration. In den Neuenglandstaaten, Kanada, Australien (zeitweise Strafkolonie), Neuseeland, Argentinien und Chile wurde die Urbevölkerung verdrängt, in Jamaica und Kuba ausgerottet und durch Negersklaven zur Arbeitsleistung ersetzt.

c) Integrationskolonien: zeigen Merkmale von a und b. Kolonialbeamte und eine in den mittel- und südamerikanischen Kolonien Spaniens anwachsende Siedlerschaft, die Kreolen, genossen formal Gleichberechtigung mit den Spaniern.

Historisch gewannen Pisa, Genua und Venedig, nach Ausschaltung der beiden ersten Venedig allein, eine Handels- und politische Hegemonie im Mittelmeerraum, nachdem die sarazenischen Piraten erfolgreich bekämpft worden waren. Den Zugang zu Luxusgütern des Orients hatten arabische Zwischenhändler in Ägypten fest in der Hand. Nach dem Zusammenbruch des Mongolischen Reiches, der nationalen Ming-Revolution in China und dem Vordringen des Osmanischen Reiches im 15. Jh. war der Landweg nach Indien und China für Europäer, insbesondere für italienische Karawanen, versperrt, weshalb man nach einem Seeweg dorthin suchte. Bartolomeu Dias umsegelte 1488 das Kap der Guten Hoffnung, und der Portugiese Vasco da Gama erreichte 1498 Indien per Schiff. Der Genueser Cristóbal Colón (Columbus) in kastilischen Diensten habe sein nautisches, kartographisches und astronomisches Wissen nach einer Quelle durch ein Grundstudium an der Universität Pavia, gemäß einer anderen auf einer Seefahrtsschule in Mallorca, erworben. Er sprach meist Spanisch, wollte auf einer neuen Westroute China, das damals Indien zugerechnet wurde, erreichen, und war sehr an Gold interessiert. Dabei entdeckte er, ohne es zu wissen, Amerika, wie Leif Ericsson 500 Jahre vorher. Wegen des Irrtums nannte man das neuentdeckte Land „Westindien", später nach dem Geographen Amerigo Vespucci Amerika.

Portugal und Spanien teilten nach einem Wettlauf bereits im Vertrag von Tordesillas 1494 Mittel- und Südamerika zwischen sich auf. Cortez und Pizarro beuteten Azteken und Inkas aus und versklavten sie. Die Spanier raubten große Mengen von Gold und Silber, was in Europa im 16. Jh. zu einer Inflation von 400 % führte, da dem zusätzlichen „Geld" keine zusätzliche Güterproduktion entsprach; jeder wollte nur raffen. Von der Unmenge an Gold zeugen heute noch die Hochaltäre in den spanischen Kathedralen. Später besetzte Spanien die Philippinen und einige Inseln im Pazifik. Die Portugiesen erschlossen die westafrikanische Küste; worum es dabei vor allem ging, kann man aus den Namen „Elfenbeinküste", „Goldküste" und „ Sklavenküste" ersehen. In Asien erwarb Portugal Goa, Macau und die Gewürzinseln, und eroberte erst im 17. Jh. Brasilien, Mocambique und Angola.

Ab dem 13. Jh. blühte der Sklavenhandel auf, für den Araber an Afrikas Westküste richtige Menschenjagden veranstalteten. Auch die europäischen Großmächte mischten dabei kräftig mit. Im 17. / 18. Jh.

verlief der Handel als sog. Dreieckshandel: es wurden europäische Konsumprodukte meist minderer Qualität in Afrika gegen Sklaven eingetauscht, und diese in Ketten über den Atlantik, meist in die Karibik, verfrachtet. Für den Erlös erwarb man Zucker (außer Honig gab es vorher kein Süßungsmittel!), Rum und Indigo, brachte sie nach Europa, und verkaufte sie hier mit Monopolgewinnen. In Venedig soll damals Marzipan (aus Zucker mit geriebenen Mandeln) angeblich mit Gold aufgewogen worden sein. Die osmanische Herrschaft über Ägypten (1517 – 1798) akzeptierten weite Bevölkerungskreise wegen des gemeinsamen muslimischen Glaubens.

Als Rechtfertigung für die Kolonisierung dienten Christianisierung, die angebliche Unterlegenheit der Kolonialvölker, das Erfordernis, „Ordnung zu schaffen", die Menschen zur Arbeit (für ihre Ausbeuter) zu erziehen, und ihnen damit die Segnungen der Zivilisation zu bringen. Etwa ab 1880 ging der Kolonialismus in den Imperialismus über. Nach dem 1. Weltkrieg verlor Deutschland seine Kolonien; als Europa nach dem 2. Weltkrieg, geschwächt war, setzte die Dekolonisation ein. Es erstarkten Befreiungsbewegungen, die zur Souveränität ihrer Länder führten, doch viele ehemalige Kolonien gehören heute zur sog. Dritten Welt. Die willkürliche Grenzziehung durch die Kolonialisten ohne jegliche Rücksicht auf Ethnien verschuldete zahlreiche aktuelle Volkstumskonflikte in Afrika. Heutzutage wird ein lupenreiner Kolonialismus von China in Tibet, und von Marokko in der Westsahara praktiziert.

10. Imperialismus

Ein früher Imperialismus (eine Definition des Begriffes versuche ich später) findet sich in den „hydraulischen Kulturen" Ägyptens, Mesopotamiens, Indiens und Chinas infolge einer starken Machtkonzentration mit bedenkenloser Unterdrückung anderer Völker, ferner im Alexanderreich, Byzanz, Rom, im Frankenreich, Aragon, dem Reich der Umayyaden und Abbasiden, dem Mongolischen Weltreich, dem Chinesischen Kaiserreich und dem Osmanischen Reich. Die portugiesischen und spanischen Eroberungen verdienen ebenfalls diesen Namen.

Im 16. Jh. verstand man unter „Imperialisten" Anhänger des deutschen Kaisers, später Anhänger des Habsburgischen Kaiserhauses, ab Anfang des 19. Jh. schließlich Parteigänger Napoleons I. In den Jahren von 1850 – 1870 änderte sich die Bedeutung in Alleinherrschaft eines Potentaten, der sich auf Macht und Prestige stützt, um fehlende Legitimität zu verdecken (Napoleon III., der seinen Staatsstreich mitsamt der nachfolgenden Diktatur und sein Kaisertum durch 2 Plebiszite der Jahre 1851/52 „legitimieren" ließ). In der politischen Auseinandersetzung Großbritanniens kritisierten die Liberalen die offizielle Weltreichspolitik Disraelis unter bedenkenloser Anwendung militärischer Gewalt, weil sie die parlamentarische Kontrolle schwäche und in England den Despotismus fördere. Bis 1914 beherrschte das Britische Empire 1/4 der Welt-Landfläche.

Die Verwendung des Begriffes im 20. Jh. bezieht sich auf die europäische Expansionswelle zwischen 1870 und 1914. Damit ist das Bestreben eines Staates bzw. seiner Führungseliten gemeint, von einem städtischen Zentrum aus ferne Territorien (Provinzen) zu beherrschen, wenn nicht gar eine Weltherrschaft anzustreben. Nach dem 1. Weltkrieg verwendete man den Ausdruck für ideologisch-missionarische Begründungen, heute für den Macchiavellismus Chinas, Rußlands und der USA.

Werfen wir noch einen Blick auf die Geschichte des modernen Imperialismus in wichtigen Staaten, zunächst bei uns.

Im Deutschen Reich betrieb Bismarck, als es zu kolonialpolitischen Differenzen zwischen England, Frankreich und Rußland und zu einer wirtschaftlichen Schwächephase Deutschlands kam, eine aktivere Kolonialpolitik. Er sah in Kolonien nur Handelsstützpunkte, deren ökonomischer Nutzen sich auf lange Sicht als gering erwies. Als sich die Handelsgesellschaften finanziell und organisatorisch überfordert sahen, wurden aus deren Gebieten förmliche Kolonien. Das Reich stellte die vom Kaufmann Lüderitz auf fragwürdige Weise in SW-Afrika erworbenen Besitzungen im April 1884 unter seinen Schutz, im Juni folgten Togo und Kamerun, und im Februar 1885 kamen die von Carl Peters für einen Spottpreis erworbenen Gebiete in Ost-Afrika hinzu. Im Mai folgten Neu-Guinea und der nach Bismarck benannte Archipel. Nach dessen Entlassung 1890 vollzog Kaiser Wilhelm II. einen scharfen Schwenk zum Imperialismus in der Außenpolitik. Er strebte für das Reich quasi als

Nachzügler „einen Platz an der Sonne" und „Weltgeltung" an. Deutschland pachtete Gebiete in China und annektierte West-Samoa. Die Marokkokrise und der forcierte Bau von Kriegsschiffen riefen in England Besorgnis hervor („Rule Britannia, Britannia rule the waves"). Sie führten zur Entente Cordiale von England und Frankreich und zur politischen Isolierung Deutschlands. Seine großspurig-imperiale Außenpolitik sowie ein in England an allen demokratischen Instanzen vorbei mit Politikern von Frankreich und Rußland gegen das Reich geschmiedeter Geheimbund aus Politik, Adel und Hochfinanz, der Deutschland in einen Krieg verwickeln wollte, um den lästigen Konkurrenten ein für allemal loszuwerden (Gerry Docherty und Jim Macgregor: „Verborgene Geschichte", Kopp-Verlag, 2. Aufl., 2017) begünstigten den Ausbruch des 1. Weltkrieges. Die sogenannte „alleinige Kriegsschuld Deutschlands" nach dem Versailler Vertrag ist daher historisch falsch und die frühere französische Bezeichnung Englands als „perfides Albion" scheint nicht unberechtigt.

Frankreich war seit der Seeschlacht von Trafalgar 1805 für kurze Zeit die führende Seemacht. Es besaß bis zum 7-jährigen Krieg in Nordamerika (1754 – 1762), zahlreiche Kolonien in Amerika und Indien, die es danach an Großbritannien abtreten mußte, brachte jedoch große Gebiete Afrikas (Französisch-Westafrika, Teile der Sahara) sowie Teile Indonesiens und Polynesiens an sich. 1912 einigte es sich mit dem Sultan auf ein Protektorat, genannt „Französisch-Marokko". Nach dem 1. Weltkrieg erhielt es vom Deutschen und vom Osmanischen Reich als Mandatsgebiete des Völkerbundes Kamerun, Togo, Syrien und Libanon, verlor aber nach der Niederlage von Dien Bien Phu 1954 Indochina. Einige Überseegebiete wurden zu französischen Départements. Die Francophonie stellt eine dem britischen Commonwealth ähnliche Staatengemeinschaft ehemaliger Kolonien Frankreichs dar.

Nach der Niederlage Napoleons 1815 und der Beendigung des Kolonialkonflikts mit Frankreich war nun Großbritannien die bedeutendste Seemacht der Welt. Die Briten hielten sich aus den Streitigkeiten des „Continents" heraus und festigten ihre Vormachtstellung in der Weltwirtschaft. 1858 übernahm Großbritannien von der Britischen Ostindien-Kompanie die Herrschaft über Indien; Königin Viktoria führte den Titel „Kaiserin (Maharani, Empress) von Indien". Im 2. Burenkrieg erlangte Großbritannien die alleinige Vorherrschaft in Südafrika.

Rußland betrieb, anders ans die anderen Großmächte, vor allem die Vergrößerung seines Territoriums (Sibirien, Kaukasus, diverse muslimische Turkstaaten). Vor allem wollte es einen eisfreien Seehafen gewinnen. Der russische Imperialismus betrieb in den eroberten Gebieten eine forcierte Russifizierungspolitik mit Ansiedlung von Russen und Verbreitung des Russischen zu Lasten der ursprünglichen Sprachen. Sogar die Familiennamen wurden durch Anhängen einer russischen Endung angepaßt, wie die Namen einiger Politiker früherer muslimischer Sowjetrepubliken zeigen: Alijev, Karimov, Nazarbajev, Kadirov, Minnichanov, Atembajev oder Berdimuhamedov,.

Nachdem Japan bereits früher China Gebiete als Kolonien abnahm, rückte es 1905 durch die Besetzung Koreas und 1910 durch dessen Annexion in den Kreis der Großmächte auf. In der besetzten Mandschurei im NO Chinas beutete es nur Rohstoffe aus, weil Japan rohstoffarm ist. 1937 begann es einen Krieg gegen China und besetzte im 2. Weltkrieg weite Teile Asiens und des Pazifiks, die es nach der Niederlage 1945 wieder verlor.

Die USA unterdrückten die Indianer gewaltsam, knallten die Grundlage ihrer Ernährung, die Büffelherden, zum Spaß aus den das Land durchziehenden Eisenbahnen ab, und nahmen ihnen die früher durchstreiften Gebiete weg. Heute leben die kläglichen Reste der einst stolzen indigenen Völker in Reservaten. Viele Ortsbezeichnungen erinnern an die früheren Bewohner des Landes. Die immer schon menschenrechtswidrige Sklaverei der USA bringt heute erhebliche soziale Probleme mit sich. „Das ist der Fluch der bösen Tat, dass sie fortzeugend Böses muß gebären" (Schiller). Die USA annektierten Texas und weite Gebiete von Mexico (1848), die Philippinen, Puerto Rico, Kuba, im 2. Weltkrieg einige Pazifikinseln.

Italien erwarb Kolonien in Ostafrika von privaten Handelsgesellschaften, eroberte Abessinien, und vereinigte es mit ostafrikanischen Besitzungen zu Italienisch-Ostafrika. In Nordafrika eroberte es vom Osmanischen Reich Tripolitanien und die Cyrenaika, und faßte diese zu Italienisch-Libyen zusammen. Nach dem 1. Weltkrieg gewann es Südtirol und Istrien, verlor nach dem 2. Weltkrieg seine Kolonien, behielt aber Südtirol als Lohn für seinen Frontwechsel (manche nennen es Verrat) bereits im 1. und wieder im 2. Weltkrieg; nach letzterem blieb es auf Betreiben Stalins statt einer Rückgabe an das neutrale Österreich bei Italien, weil er erwartete, dass dieses die nächste kommunistische Volksrepublik würde. Istrien fiel nach einer Volksabstimmung ohne Triest an Jugoslawien.

Belgiens König Leopold II., ein skrupelloser Imperialist, erwarb 1885 den sog. Kongo-Freistaat als Privatbesitz, mußte ihn aber nach den Kongogräueln dem Staat überlassen, der daraus die Kolonie Belgisch-Kongo machte. Nach dem 1. Weltkrieg erhielt Belgien die frühere deutsche Kolonie Ruanda-(B)Urundi als Mandatsgebiet und gliederte sie in Belgisch-Kongo ein. 1960 wurde dieser selbständig (nicht mit der Demokratischen Republik Kongo, der früheren Kolonie Französisch-Kongo verwechseln).

Die Niederlande übernahmen viele portugiesische Kolonien als „Westindien" und „Niederländisch-Indien". Während der Kolonialkriege (1811-1816) verloren sie große Teile ihres Kolonialreiches an Großbritannien, bauten aber in Indonesien ihre Herrschaft aus. 1949 erkannten sie dessen Souveränität ohne Neuguinea an, 1962 auch über dieses. Eine Reihe von Inseln in der Karibik gehören heute zu den Niederlanden oder stehen in einer besonderen Beziehung zu ihnen.

Österreich-Ungarn hatte bei der Kolonialpolitik in Afrika und Asien keinen Erfolg, und betätigte sich auf dem Balkan imperialistisch, indem es mit Billigung durch den Berliner Vertrag 1878 Bosnien-Herzegovina gegen starke militärische Widerstände besetzte und 1908 annektierte. Letzteres machte Serbien, das selbst darauf spekuliert hatte, zum unversöhnlichen Feind Österreich-Ungarns. Die folgende internationale Krise führte nach dem Attentat Gavrilo Princips in Sarajevo zum 1. Weltkrieg.

11. Ein Exkurs in die Wirtschaft

Zum besseren Verständnis der folgenden Kapitel über Kapitalismus und des wegen seiner Mißstände entstandenen Sozialismus/Kommunismus will ich den beiden einen Exkurs voranstellen über die Entwicklung des niederländischen Handels- und Finanzwesens vom 15. bis zum 17. Jh., und die Bedeutung des Schotten Adam Smith für die Nationalökonomie (Wirtschaftstheorie der Volkswirtschaften im ganzen, während die Betriebswirtschaftslehre die Organisation von Branchen und Betrieben behandelt).

Im Jahr 1409 wurde in Brügge die 1. Börse zum Handel mit Wechseln und 1460 in Antwerpen die erste Gewürzbörse, also eine Warenbörse (commodity market) eröffnet. Beide Städte gehörten damals zu den Burgundischen, später Spanischen Niederlanden. 1599 spalteten sich die nördlichen protestantischen Provinzen davon ab, deren Unabhängigkeit im Westfälischen Frieden von 1648 anerkannt wurde. In ihnen hatten die heutigen Niederlande ihren Ursprung, während aus dem Rest später Belgien und Luxemburg entstanden. 1602 gab man in Amsterdam zum ersten Mal Aktien aus, 1611 wurden dort eine Warenbörse und 1612 eine Wertpapierbörse eröffnet. In den 1630er Jahren spekulierten viele Leute mit Tulpenzwiebeln, deren Preise astronomische Höhen erreichten. Am Hochpunkt der Spekulationsblase trug sich folgende Geschichte zu: ein Matrose saß im Foyer eines Bürgerhauses; dort lagen einige Tulpenzwiebeln in einer Schale. Der Matrose hatte Hunger und verspeiste eine davon. Als der Hausherr sah, was vorgefallen war, schlug er die Hände über dem Kopf zusammen, und lamentierte: „Sie haben gerade ein Haus aufgegessen." 1637 platzte diese erste Blase der Wirtschaftsgeschichte und ein Crash folgte. - Etwa 15.000 Handelsschiffe bescherten den Niederlanden im 17. Jh. eine Blüte des Handels und wegen der reichen Geldmittel auch der Kunst; man denke an die berühmten niederländischen Maler, beginnend bereits im 16. Jh. mit den Brueghels, und im 17. Jh. an den voll ausgeprägten niederländischen Barock von Pieter Paul Rubens, Rembrandt Harmenszoon van Rijn und Jan Vermeer.

Adam Smith (1723 – 1790) gilt als Begründer der wissenschaftlichen Nationalökonomie, sein Hauptwerk heißt „Der Wohlstand der Nationen" von 1776. Er beobachtete und zog daraus seine Schlüsse. Die Menschen hätten einen natürlichen Hang zu Tausch und Erwerb. Im Gegensatz zu den Physiokraten bezeichnete er nicht die Grundrente, sondern Arbeit als Quelle und Maßstab des Wertes von Gütern. Freier Wettbewerb, Arbeitsteilung (die er am Beispiel der Produktion von Stecknadeln erklärte) und Kapitalakkumulation führen ihm zufolge zu Reichtum; das Gemeinwohl würde am meisten gefördert, wenn es dem Einzelnen gut gehe. Er unterschied den „natürlichen Preis" (Selbstkosten plus Gewinn) vom Marktpreis eines Gutes. Die „unsichtbare Hand" des Marktes lasse den letzteren durch Angebot und Nachfrage entstehen: hohe Nachfrage bei geringem Angebot läßt den Preis steigen, was die Produktion steigen läßt, ein Überangebot dagegen läßt den Preis fallen. Der sog. Marktpreis liegt im Schnittpunkt von Angebots- und

Nachfragekurve. Monopole und Kartelle behindern den Wettbewerb, Smith bezeichnete sie daher als schlecht; denn Wettbewerb sporne die Teilnehmer aus ihrem eigenem Interesse an. Er machte sich auch Gedanken über Geld, einen gerechten Lohn und die „richtige" Zinshöhe. Seine Schriften bildeten u. a. das Fundament des späteren Manchester-Liberalismus, einer Ideologie, die nach der Verbesserung der Dampfmaschine durch James Watt und der darauffolgenden Industrialisierung Englands im 18. Jh. zu gewaltigen sozialen Verwerfungen führte. Mehr dazu in den nächsten Kapiteln.

12. Kapitalismus

In der Wirtschaftsrechnung bedeutete „summa capitalis" das Ergebnis, woraus das Wort Kapital entstanden sei. Erstmals von R. de Radonvilliers verwendet, sprachen Marx und Engels zuerst von „kapitalistischer Produktionsweise" und Marx nannte den Kapitaleigner in seinem Hauptwerk „Das Kapital" (1. Band 1867) „Kapitalist". Dieser Ausdruck findet sich häufiger in Korrespondenz und späteren Schriften von Friedrich Engels. Die kapitalistische Wirtschaftsordnung hängt von den Produktionsverhältnissen, die Marktwirtschaft von der Koordinierung der Wirtschaftsprozesse durch den Marktmechanismus ab. Beide treten meist gemeinsam auf. Der Kapitalismus steigerte insgesamt zwar den Wohlstand der Staaten und der Kapitalisten, stieß aber die arbeitenden Massen zu Anfang in unhaltbare soziale Verhältnisse.

Der Kapitalist ist Eigner von Produktionsmitteln (Grund und Boden, Fabriken, Maschinen und Geldvermögen). Sein einziges Ziel ist die Maximierung des Gewinns ohne Rücksicht auf die sozialen Folgen und die Umwelt. Die vielen Besitzlosen, die nichts als ihre Nachkommenschaft (lat. proles, daher die Bezeichung als „Proletarier") haben, müssen zum Erwerb des Lebensunterhalts für sich und ihre Familien ihre Arbeitskraft an den Kapitalisten verkaufen. Dieser kann sich aussuchen, wen er beschäftigen oder hinauswerfen will und kann den Lohn unter das Existenzminimum drücken. Vom Profit behält er über die Kosten, die Kapitalrendite und den Unternehmerlohn hinaus den Mehrwert für sich und wird dadurch immer reicher (Kapitalakkumulation). Die Arbeiter mußten bis zu 16 Stunden pro Tag schuften, und Kinderarbeit war üblich. Bei Arbeitsunfällen, Krankheit, Arbeitslosigkeit sowie im Alter war das Elend vorprogrammiert, und die an sich richtige Idee der Marktwirtschaft geriet mangels einer staatlichen Begrenzung von Übertreibung/Mißbrauch zu Lasten der Arbeitenden zum Zerrbild eines menschenverachtenden Raubtierkapitalismus. Dagegen wandten sich Sozialisten und Kommunisten.

13. Sozialismus und Kommunismus

Karl Marx wurde am 5.5.1818 in Trier geboren. Seine Eltern stammten aus bedeutenden Rabbinerfamilien, ließen sich jedoch taufen. Nach der Französischen Revolution war in Frankreich bis 1848 ein von ihm als „utopisch" bezeichneter Sozialismus entstanden, der vorwiegend auf religiös-idealistischen Grundlagen beruhte. Er nahm die wichtigsten Ideen von Marx bereits vorweg und beeinflußte ihn wesentlich. Trotz der ideologischen Nähe distanzierte er sich scharf von diesen Thesen (wohl weil sie ihm als Materialisten und Begründer eines angeblich „wissenschaftlichen Sozialismus" die Schau gestohlen hätten). Er befreundete sich mit Friedrich Engels, einem Unternehmersohn und Erben einer gutgehenden Wollmanufaktur, der ihn und seine Familie wirtschaftlich unterstützte. 1848 gaben sie zusammen das Kommunistische Manifest mit dem Untertitel „Proletarier aller Länder vereinigt euch" heraus. Marx übte Kritik an der Philosophie Hegels, die er weg vom Idealismus „vom Kopf auf die Füße stellen" wollte. Er verband Hegels Dialektik mit dem Materialismus, und vertrat zuerst die Meinung, das Sein, also die Produktionsverhältnisse, würde das Bewußtsein, den sog. Überbau, bestimmen. Später gelangte er zu der Auffassung, beide würden sich gegenseitig beeinflussen. 1848 mußte Marx mit seiner Familie ins Londoner Exil gehen. Von 1852 – 1862 lieferte er als Londoner Korrespondent der US-Zeitung New Daily Tribune Analysen der politischen und ökonomischen Lage einzelner Länder, ja ganze Artikelserien. Damit verdiente Marx ein gutes Auskommen. Als die Zeitung 1862 wegen inneramerikanischer Gründe ihren Auslandskorrespondenten kündigte, gerieten Marx und seine Familie wirtschaftlich unter Druck. Im Jahr 1867 erschien Band 1 des „Kapitals", die Bände 2 und 3 stellte Friedrich Engels aus Notizen zusammen und gab sie posthum 1885 und 1894 heraus.

In Deutschland wollte Marx eine revolutionäre Partei schaffen, aber entzweite sich mit Ferdinand Lassalle über die politischen Ziele; mit Wilhelm Liebknecht blieb er in Verbindung. Dieser war 1869

Mitbegründer der Sozialdemokratischen Arbeiterpartei, die sich mit den Lassalleanern 1875 zur Sozialistischen Arbeiterpartei vereinigte; ab 1890 nannte sie sich SPD. Davon spalteten sich 1917 die radikalere USPD, und von dieser 1919 die Mitglieder des Spartakusbundes ab, und gründeten die KPD.

Ab 1872 arbeitete Marx auf den Haager Kongreß der 1. Internationale hin, der vom 2. - 7. September 1872 stattfand. Dort gab es endlose Diskussionen zwischen ihm als Vertreter der Kommunisten und Michail Bakunin als Vertreter der Anarchisten, an deren Gegensatz die 1. Internationale scheiterte und sich 1876 auflöste. Die Anarchisten lehnten zahlreiche der Marx'schen Theorien als falsch ab. Bis 1951 folgten 4 weitere Internationalen. 1862 – 1874 beeinträchtigte eine Hautkrankheit die Tätigkeit von Marx. Im Jahr 1881 starb seine Frau Jenny, geb. von Westphalen, 1883 seine Tochter Jenny Longuet, er selbst starb am 14. 3. 1883 im Alter von 64 Jahren in London, wo er im Highgate Cemetery begraben ist

Im Folgenden stelle ich die Marx'schen Lehren im einzelnen dar, und prüfe nach, ob sie stimmen können bzw. eingetroffen sind.

1. Im Gefolge Hegels glaubte er, „Gesetze der Geschichte" erkannt zu haben. Selbst wenn sich die Geschichte „dialektisch" entwickelt, so doch nicht mechanistisch, vielmehr wird sie im wesentlichen von Strömungen (politischen Ideologien) und Personen (Alexander, Napoleon, Hitler, Stalin oder Mao) beeinflußt. So meinte Marx, die „inneren Widersprüche des Kapitalismus" würden die Entwicklung vorantreiben. Während im Sozialismus noch Elemente des Kapitalismus vorhanden wären, käme die Entwicklung im Kommunismus zum Stillstand, und ein Paradies der Werktätigen bräche an, in dem jedem nach seinen Bedürfnissen zugeteilt würde. Jeder hat es aber erlebt, dass die Entwicklung nie zum Stillstand kommt. Jeder Ökonom weiß, dass die Bedürfnisse größer sind als das, was verteilt werden kann, und sich daraus die Notwendigkeit der Wirtschaftstätigkeit hinsichtlich der Güter und Dienstleistungen ergibt. Mir ist aus der Wirtschaftsgeschichte nur ein einziger Fall bekannt, der anders war: auf den Gesellschaftsinseln in der Südsee bescherte die reiche Natur den dort Lebenden 3 Ernten im Jahr, ohne dass sie dafür arbeiten mußten. Stattdessen genossen sie die freie Liebe; ob ein Kind legal oder illegal geboren wurde, war einerlei, sie liefen einfach mit. Aber auf diese Art konnten sich maximal bis zu 50.000 Menschen versorgen. Der

Zustrom von Europäern brachte das Erfordernis von Arbeit, also wirtschaftlicher Tätigkeit, mit sich; Europa importierte auch seine Moralvorstellungen. Mit beidem zerstörten die Europäer das letzte Paradies auf dieser Erde. Marxens Endziel der Geschichte erinnert an die Vision Jesaias 11, 6: „Die Wölfe werden bei den Lämmern wohnen…" Mit seinen Voraussagen erwies sich Marx zwar nicht als exakter Wissenschaftler, sondern als säkularisierter jüdischer Prophet. Er hätte genauso gut prophezeien können, dass Rußland mit dem Lügen aufhören werde (ohne dass dies jemals in Erfüllung gehen dürfte).

2. Marx wollte die durch die Produktionsverhältnisse entstandene „Entfremdung" der Arbeiter von der Arbeit durch die „Expropriation der Expropriateure" sowie Vergesellschaftung der Produktionsmittel beseitigen. Nun hat sich aber gezeigt, dass 2 wesentliche Faktoren zur Erreichung von Wohlstand der menschliche Erwerbstrieb und unternehmerisches Handeln sind. Die Trennung der Bauern von ihrem Produktionsmittel Boden durch die Zwangskolchosierung Stalins führte dazu, dass ihr Interesse am Ertrag erlosch, weil sie jetzt zu bloßen Lohnarbeitern geworden waren. Letztlich scheiterte die sozialistische Wirtschaft des Ostblocks an ihrem „realen" Sozialismus. Schon die Wortwahl zeigt das Auseinanderklaffen von Theorie und Praxis, deren Einheit Lenin verlangt hatte. Schuld daran trug auch das Fehlen einer wirklichen politischen Kontrolle der Exekutive durch Parlament, Opposition und Justiz. In anderem Kontext hatte er selbst richtig bemerkt: „Vertrauen ist gut, Kontrolle ist besser." Hätte man sich doch nur daran gehalten – aber demokratisch!

3. Marx wollte sein Ziel durch Klassenkampf und die gemeinsame Aktion der Proletarier aller oder der meisten Länder, die „Weltrevolution", erreichen, der eine vorübergehende „Diktatur des Proletariats" folgen sollte. Das scheiterte, weil die Voraussetzung einer „revolutionären Situation", die vorhanden war oder erst geschaffen werden mußte, meist fehlte. Stalin propagierte daher die Revolution in einem Land allein. Gewalt erzeugt Gegengewalt und andere Gegenreaktionen der Bourgeoisie, das Volk bevorzugt Frieden und Freiheit. Gewalt ist etwas Negatives, Evolution führt dagegen ohne Gewalt zu positiven Veränderungen der Verhältnisse, wie ich in Kapitel 15 zeigen werde.

4. Schließlich verlangte Marx die Zerschlagung des Staates als bürgerlicher Maschine zur Niederhaltung der anderen Klassen, und sagte nach Übernahme der Herrschaft durch „die Gesellschaft" das „Absterben des Staates" voraus. Derartiges ist bis heute nirgends zu sehen, vielmehr zeigt sich die Staatsgewalt in vielen Staaten durch Unterdrückung von Demonstrationen der Opposition recht munter. In steinzeitlichen Horden gab es Führer, die die Richtung bestimmten, in den oberitalienischen Städten erkämpften sich teils recht brutale „Macchivellisten" die Spitze, in Monaco setzten sich die Grimaldis, Kaufleute und Seeräuber fest; ein Wüstenscheich hat bis heute Gewalt über Leben und Tod. Nur die Demokratien versuchten, die Staatsgewalt durch Wahlen zu legitimieren, was durch Wahlfälschungen von Putin, Lukaschenko etc. unterlaufen wird. Auch der Loser Trump tönte so. Würde eine anonyme Masse, die „Gesellschaft", angeblich die Macht ausüben, dann bräche ohne eine ordnende Organisation, die das Gewaltmonopol besitzt, das Chaos aus, und „die Straße", die Mafia oder sonstige Banden würden das Vakuum für sich ausnützen.

5. Marx sagte auch die Verelendung der Massen voraus, indem er die unhaltbaren Zustände im England des Manchester-Liberalismus in die Zukunft extrapolierte. Er hätte aber wegen Weiterbestehens der sog. inneren Widersprüche des Kapitalismus nach seinem eigenen Modell auf die Idee einer dialektischen Reaktion in der Geschichte kommen müssen: der Kapitalismus zeigte sich in der Vergangenheit recht flexibel, sonst wäre er längst gescheitert (wie der Sozialismus in Europa), und reagierte z. B. nach anfänglicher Verfolgung der Sozialisten durch die Einführung der 1. Sozialversicherung der Welt anno 1890 in Deutschland, nur 42 Jahre nach der Veröffentlichung des Kommunistischen Manifests. Der Erfolg gibt dem Kapitalismus Recht, auch wenn es daran noch viel zu verbessern gibt. Sozialistische Ideologen wie Maduro in Venezuela sollten dringend bei Kapitalisten in die Schule gehen, um dem eigenen Volk eine menschenwürdige Existenz ohne Drogenanbau /-handel zu ermöglichen. Er war früher Busfahrer, kam durch Drogen en gros zu Geld und Macht, und vernebelt jetzt die Realität durch Ideologie.

6. Recht hatte Marx in z w e i Punkten: der Aneignung des Mehrwerts durch die Kapitalisten und der vorausgesagten Konzentration in der Wirtschaft. So fusionieren Unternehmen zur Schaffung einer breiteren Basis freiwillig oder sie werden „feindlich" übernommen. Selbst dagegen

erfanden Kapitalisten „toxische" Abwehrstrategien, z. B. die Aufnahme großer Kredite. Wie die kritische Würdigung der Lehren von Karl Marx zeigt, ist viel davon zwar Tinnef, doch verbesserte sich die Lage der Arbeiter in der Folge deutlich.

Der Kommunismus entstand um 1884 in Frankreich, und bezeichnete die Utopie einer auf sozialer Gleichheit und Freiheit beruhenden herrschafts- freien klassenlosen Gesellschaft. Marxistisch korrekt existiert derzeit nur der Sozialismus. In der Sowjetunion kostete der Terror von Stalins „Säuberungen" etwa 20 Millionen Menschen das Leben, in der Volksrepublik China der Maoismus während des „Großen Sprungs", der rücksichtslosen Industrialisierung von 1958 -61, und während der „Proletarischen Kulturrevolution" in den 60er und 70er Jahren starben 50 Millionen Menschen. 1948 inszenierten die Kommunisten in der CSR einen Putsch gegen die nationalistische Regierung, und übernahmen die Macht. Um ein weiteres Vordringen des Kommunismus in Europa zu verhindern, wurde 1949 die NATO gegründet. 1955 gründeten die Ostblockstaaten unter Führung der Sowjetunion den Warschauer Pakt.

Im Juni 1953 demonstrierten Arbeiter gegen die vom DDR-Regime angeordnete Normenerhöhung ohne Lohnausgleich. Der Aufstand griff bald aufs ganze Land über. Sowjetische Panzer walzten ihn auf Anforderung durch die DDR-Führung nieder.

1956 kam es in Ungarn zu Protesten gegen die kommunistische Partei sowie die sowjetische Besatzungsmacht. Als die Regierung in die Menge schießen ließ, führte das innerhalb einiger Tage zu ihrer Ablösung durch ein bürgerliches Kabinett unter Führung von Imre Nagy. Er erklärte den Austritt Ungarns aus dem Warschauer Pakt, die Neutralität des Landes, und forderte die Sowjetarmee zum Verlassen des Landes auf. Janos Kádár hatte Nagy die Freilassung aus lebenslänglicher Haft zu verdanken, die der ungarische Stalinist und Diktator Rákosi, recte Rosenfeld (1949 – 56), veranlaßt hatte. Kádár verriet Nagy und bat die Sowjetunion nach bewährtem Muster „um Hilfe". Chruschtschow ließ mit Nagy zum Schein verhandeln, bis Truppen aus Rumänien herangeführt waren (die keine ungarischen Freundinnen hatten) und schlug den Ungarischen Volksaufstand brutal mit Panzern nieder. Imre Nagy richtete dramatische Appelle an den Westen, die ich im Rundfunk mitverfolgte; in Propa- gandasendungen von Radio Freies Europa waren wohl im Osten Hoffnungen geweckt worden, der Westen unternahm jedoch nichts. In der

Folgezeit wurden Imre Nagy, Oberst Pál Maleter und hunderte Ungarn hingerichtet, zehntausende eingekerkert, und hunderttausende flohen in den Westen.

In Polen hatte sich 1980 als 1. freie Gewerkschaft im Ostblock Solidarnosc gebildet. Der sowjetische KGB-Chef Andropov und Außenminister Ustinov drängten den polnischen KP-Vorsitzenden Kania und Verteidigungsminister Jaruzelski zur gewaltsamen Niederschlagung der Demokratie- und Protestbewegung. Die Polen lehnten eine angeblich angebotene Truppenentsendung als „unmöglich" ab, verpflichteten sich aber, mit eigenen Mitteln die Macht der Partei wiederherzustellen. Jaruzelski verhängte, nunmehr KP- und Regierungsschef, am 13.12.1981 das Kriegsrecht. 10.000 Personen wurden in der Folgezeit inhaftiert, Solidarnosc verboten, 350 Streiks und Proteste niedergeschlagen, 29 Personen kamen offiziell zu Tode. 28.000 Akademiker und Facharbeiter emigrierten. Wirtschaftssanktionen der USA und Großbritanniens verschärften die wirtschaftliche Lage. Ende August 1982 demonstrierten in Warschau erneut 120.000 Menschen gegen das Kriegsrecht, das am 22.7.1983 aufgehoben wurde. Die Repressionen dauerten jedoch bis 1986 (Gorbatschows Perestrojka) an.

Im Frühjahr 1968 initiierte die Kommunistische Partei der Tschechoslowakei unter Alexander Dubcek ein Liberalisierungs- und Demokratisierungsprogramm, um „einen Sozialismus mit menschlichem Antlitz" zu schaffen. Der Reformer Ota Sik wollte die Planwirtschaft zugunsten einer sozialen Marktwirtschaft (nach deutschem Vorbild) abschaffen. In der Slowakei hatte sich Dubcek gegen den KPC-Sekretär und Präsidenten der CSSR Novotny durchgesetzt. Letzterer schloß 3 Redakteure, die offen die Partei kritisierten, aus dieser aus, was zu einem breiten Protest von Journalisten und Literaten führte, worauf im März 1968 die Zensur abgeschafft wurde. Novotny hatte Studentenproteste mit Gewalt aufgelöst, und um Hilfe der Sowjetunion gebeten, die ihm bedeutete, er solle selbst damit fertig werden. Im Juli 1968 sprachen sich 89 % der Bevölkerung für die Beibehaltung des Sozialismus unter Dubcek aus. Er strebte innerparteiliche Demokratie, ein parlamentarisches Modell mit bürgerlichen Parteien, Pressefreiheit sowie eine Föderalisierung der CSSR an. Intellektuelle verschiedener Couleur unterzeichneten im Juni 1968 das Manifest der 2000 Worte des Schriftstellers Ludvik Vaculik. Der stellvertretende tschechische Ministerpräsident und die Sowjetregierung wurden Dubcek gegenüber zunehmend skeptisch, und verlangten zusammen mit Bulgarien, Ungarn, Polen und der DDR eine deutliche Eindämmung der Reformen. Leonid Breschnev habe seinen Duzfreund Dubcek am Telefon direkt angefleht, die Vorherrschaft der Partei zu sichern, und einige Journalisten aus den Medien zu entfernen. Er habe solches abgelehnt. Die stalinistische Opposition der CSSR sandte daraufhin Breschnev sogar ein Einladungsschreiben, in dem sie um eine militärische „Intervention gegen die Konterrevolution" bat. In der Nacht zum 21. August 1968 marschierten Streitkräfte von 4 der obengenannten 5 Staaten (mit Ausnahme der DDR) in der CSSR ein. Ich erinnere mich noch gut an diesen Tag: beim italienischen Postamt Forte dei Marmi (Provinz Lucca) nahm ich an einem Programm der damaligen Deutschen Bundespost teil, das der Hilfe für deutsche Schalterkunden und der Vervollkommnung in der italienischen Postfachsprache dienen sollte zur Vorbereitung auf die Olympiade des Jahres 1972 in München. Da schreckten mich Kollegen mit dem Zuruf auf: „Guglielmo, in Deiner Heimat sind die Sowjets mit Panzern einmarschiert." Ich rannte zum Kiosk vor dem Postamt, um mir gleich eine Zeitung zu besorgen. Rumäniens Diktator Ceausescu verurteilte den Einmarsch scharf, und Albanien trat aus dem Warschauer Pakt aus, der „Prager Frühling" jedoch war zu Ende. Dubcek und einige Regierungsmitglieder wurden festgenommen, nach Moskau gebracht, und der slowakische Kommunist Gustav Husák wieder eingesetzt. Bis zum 1.9.1968 kamen 71 CSSR-Bürger zu Tode. Die Bevölkerung hatte sehr aktiven Widerstand geleistet, indem sie Wegweiser verdrehte, Ortsschilder demontierte, Nachschubzüge auf Abstellgleise leitete, die Besatzer auf Plakaten verspottete und zum passiven Widerstand aufrief. Die sogen. „Moskauer Protokolle" hoben fast alle Reformen wieder auf, Dubcek jedoch kehrte unter großem Jubel des Volkes einige Tage später nach Prag zurück. Von April – September 1968 wieder Parlamentspräsident schloß man ihn 1970 aus der Partei aus. Er war danach als Beschaffungsinspektor bei der Forstverwaltung beschäftigt. 1968 emigrierten zehntausende Facharbeiter und Intellektuelle, 96.000 Bürger flohen nach Österreich und 60.000 Urlauber kehrten nicht in die CSSR zurück. Im Zuge von Husáks Säuberungen schloß die Partei 500.000 Mitglieder aus. Am 16. Januar 1969 verbrannte sich der Student Jan Palach, am 25. Februar 1969 der Student Jan Zajic aus Protest auf dem Prager Wenzelsplatz. Im Zuge des Umbruches nach Gorbatschows Perestrojka wurde Dubcek 1989 rehabilitiert und wieder zum Parlamentspräsidenten gewählt. 1992 starb er an den Folgen eines Autounfalles. Zu seinen Ehren nannte ich meine

Tochter Alexandra. Liebe Leserinnen und Leser, ich hoffe, dass ich Sie mit meinen Ausführungen nicht gelangweilt habe; trotz Vertreibung ist es halt meine Heimat. „Jeder Bär brummt nach der Höhle, in der er geboren ist" (Goethe). Am 1.1.1993 trennten sich die Slowakische Republik und die nunmehrige Tschechische Republik, zu der meine Heimat Mähren gehört, voneinander. Die Slowakei wollte nach der ungarischen Bevormundung ab 1867 (um es euphemistisch zu formulieren) von einer ebensolchen nach 1918 durch die Tschechen endlich frei sein, selbst wenn es ihr danach wirtschaftlich schlechter ginge.

Hier noch die vielleicht harmloseste Geschichte über den „real existierenden Sozialismus", die mir einfällt: Chruschtschow bewohnte in Moskau eine geräumige Wohnung, hatte einen Wagen mit Fahrer und eine Datscha auf dem Land. Während man im Westen all dies nur für sein sauer verdientes Geld kaufen oder mieten kann/muß, zahlte der Gleichste aller Gleichen keine müde Kopeke dafür. Wenn das Volk dafür bezahlt, darf der Staat gerne den Eigentümer spielen, weil ich dann besser stehe als im verdammten Kapitalismus, oder nicht? („Jedem nach seinen Bedürfnissen" ??). Da gibt es doch tatsächlich Leute, die so etwas als Utopie, Ideologie oder gar als Ausbeutung bezeichnen. Honi soit, qui mal y pense.

14. Exkurs: Demokratischer Sozialismus

Alle Theorien des demokratischen Sozialismus schworen der Gewalt ab und wollen im Gegensatz zum Festhalten Lenins und einiger linker Gruppierungen an der Diktatur des Proletariats einen dritten Weg zwischen Kapitalismus und „real existierendem Sozialismus" verwirklichen. Sie vertreten ein Gerechtigkeitskonzept der Gleichheit, bejahen den demokratischen Rechtsstaat, streben sozialstaatliche Sicherungen für alle Bürger an, wollen das Privateigentum sozialverträglich begrenzen sowie die Wirtschaft gesellschaftlich einbinden und politisch regulieren.

Nach dem Zusammenschluß zweier Parteien nannte sich die neue Partei ab 1890 SPD. Ihr Erfurter Programm von 1891, dessen theoretischer, von Karl Kautsky verfaßter Teil noch allerhand Marxismus atmete, forderte im praktischen von Eduard Bernstein verfaßten Teil das allgemeine, gleiche, direkte, geheime Wahlrecht für Männer und Frauen, Schutzrechte für Arbeiter und politische wie soziale Reformen . Auch das Konzept von Wilhelm Liebknecht stand mit den Grundsätzen des demokratischen Sozialismus im Einklang. Die SPD unter Friedrich Ebert stimmte am 4. 8. 1914 den Kriegskrediten für den am 1. 8. begonnenen 1. Weltkrieg zu; daran scheiterte die 2. (Sozialistische) Internationale. Von der MSPD = (Mehrheits-) SPD, die bei ihrem Programm blieb, spaltete sich die radikalere USPD ab, die die sofortige Beendigung des Krieges notfalls durch eine soziale Revolution erreichen und eine Räterepublik errichten wollte. Sie begrüßte die russische Oktoberrevolution. Willy Brandt, richtig Karl Frahm, gehörte ihr in jungen Jahren an, und floh nach gewaltsamen politischen Ausschreitungen in Lübeck, bei denen 2 Polizisten getötet wurden, nach Norwegen, wo er seinen Namen änderte. Als norwegischer Major bei der politischen Propaganda schrieb er ein Buch betitelt „Deutsche und andere Verbrecher". Brandt äußerte sich später, wer in seiner Jugend kein Kommunist gewesen sei, aus dem werde kein richtiger Sozialdemokrat. Rosa Luxemburg grenzte sich gegen den „Reformismus der SPD" ab und schrieb in ihrem im Gefängnis verfaßten Buch „Die russische Revolution": „Freiheit nur für die Anliegen der Regierung, nur für die Mitglieder einer Partei......ist keine Freiheit. Freiheit ist immer Freiheit des Andersdenkenden". Sie wandte sich gegen „die Cliquenwirtschaft einiger Dutzend Parteiführer.". „Sie (die Sozialistische Demokratie, Anmerkung d. Verf.) beginnt mit dem Moment der Machteroberung durch die sozialistische Partei. Sie ist nichts Anderes als die Diktatur des Proletariats."

Nach Ausrufung der Republik am 9.11.1918 bildeten SPD + USPD am 19. 11. 1918 einen paritätisch besetzten „Rat der Volksbeauftragten". Ein Reichsrätekongreß beschloß baldige Wahlen und die sofortige Sozialisierung kriegswichtiger Industrien, aber die Weimarer Verfassung schützte das Privateigentum, nachdem obige Koalition zerbrach und bei der Wahl vom 19.1.1919 keine Mehrheit erhielt. Der 1916 gegründete Spartakusbund, dessen Programm Rosa Luxemburg formuliert hatte und in dem sie sich zum Gewinn der Macht mit dem Stimmzettel bekannte, schloß sich 1917 der USPD an, gründete aber zusammen mit anderen linken Gruppen am 1.1.1919 die KPD als Alternative zur SPD. Die USPD löste sich, bedeutungslos geworden, 1922 auf. Nach Rosa Luxemburgs Ermordung am 19. 1. 1919 lehnte sich die KPD kritiklos an Lenin und Stalin an und trat der Komintern (Kommunistischen Internationale) bei. Der Gegensatz zwischen SPD und KPD begünstigte den Aufstieg der

NSDAP. Nach der Machtergreifung verboten die Nazis alle Linksparteien, inhaftierten oder ermordeten ihre Führung und schalteten die Gewerkschaften gleich. Ulbricht und einige Genossen („Gruppe Ulbricht") flohen in die UdSSR.

1949 gründete Kurt Schumacher die SPD neu. Er stand für einen demokratischen Sozialismus, aber auch für Sozialisierungen und Planwirtschaft. Nach mehreren Wahlniederlagen sowie der von Dr. Adenauer durchgesetzten Bindung an den Westen erkannte die SPD die erfolgreiche Soziale Marktwirtschaft Ludwig Erhards (die ich im nächsten Exkurs behandeln werde) und die Westbindung (als Grundlage der Sicherheit) an, und verlangte nur noch, der Staat müsse die Erträge gerecht verteilen.

Nach den Studentenunruhen der „68er" und dem Zerbrechen der Koalition der Union mit der FDP wurde 1969 Willy Brandt zum Bundeskanzler gewählt; vorher hatte er schon das Amt des Regierenden Bürgermeisters von Berlin bekleidet. Er bekannte sich zum demokratischen Sozialismus, Freiheit, Humanismus, Rechtsstaatlichkeit und sozialer Gerechtigkeit, suchte den Ausgleich mit dem Osten und schloß die Ostverträge ab. In ihnen verzichtete die BRD auf Gewalt und erkannte die Oder-Neiße-Grenze, die Abtretung Schlesiens und Ostpreußens sowie des Sudetenlandes an. Man warf ihm vor, dass der Osten infolge der Guilleaume-Affäre (Guilleaume war persönlicher Referent Brandts und DDR-Spion) genau wußte, wie weit der Westen bei den Verhandlungen nachzugeben bereit wäre, was die Position der BRD negativ beeinflußt habe. Brandt beantwortete den Vorwurf, er habe nichts aufgegeben, was nicht schon Hitler verloren hätte. Wehner, der „Zuchtmeister der SPD", zwang Brandt 1974 zum Rücktritt, Helmut Schmidt folgte ihm als Kanzler nach.

Als neuer Vorsitzender der Sozialistischen Internationale kündigte Brandt im Jahr 1976 Vorschläge für eine gerechtere Weltwirtschaftsordnung an.

Nach dem Krieg kehrte Ulbricht (der „Spitzbart") als Oberst der Roten Armee zurück. Er sollte, wie er sagte, in der Sowjetischen Besatzungszone etwas gründen, das „wie Demokratie aussieht, wir müssen aber die Kontrolle haben." Die von Otto Grotewohl geführte SPD vereinigte sich unter sowjetischem Druck zwangsweise mit der KPD

Wilhelm Piecks zur SED („Sozialistische Einheitspartei Deutschlands"). Ihr letzter Vorsitzender war Gregor Gysi. Deutschlands Langsamster kann die Identität von SED und „Der Linken" erkennen: die Bezeichnung SED änderte man zunächst in SED/PDS, um später nur als PDS („Partei des Demokratischen Sozialismus") zu firmieren, und die Erinnerung an die Repression in der DDR zu verwischen; offizieller Grund für die Namensmanipulation sei die Rettung der verschobenen SED-Millionen gewesen. Nach der Wende wollte die PDS im Westen Fuß fassen und fusionierte mit der WASG, einer Absplitterung der SPD, die Oscar Lafontaine, ihr früherer Vorsitzender (ich sage ihr Verräter) führte. Ein „Flügel" der Linken ist die „Kommunistische Plattform" Sahra Wagenknechts. Kurt Schumacher, der 1. Vorsitzende der SPD nach dem Krieg, sagte unumwunden: „Kommunisten sind nur rotlackierte Faschisten."

Die SPD, die älteste demokratische Partei Deutschlands, die als einzige Partei (die KPD gab es nicht mehr) mutig gegen Hitlers Ermächtigungsgesetz stimmte und in der Folgezeit einen hohen Blutzoll zahlen mußte, war nach dem Krieg an mehreren Bundesregierungen, darunter als Juniorpartner an 3 Großen Koalitionen mit der Union unter Bundeskanzlerin Dr. Angela Merkel beteiligt. Trotz einer „Sozialdemokratisierung" der deutschen Politik durch sie nahm der Stimmenanteil der SPD in den letzten Jahren kontinuierlich ab, während an den Rändern die Protestparteien „Die Linke" und die rechte AfD ständig zunahmen. Dieser Zustand der SPD ist bedauerlich, verdankt doch Deutschland ihr und der Gewerkschaftsbewegung so gut wie alle gesellschaftlichen und politischen Fortschritte, die in langen Jahren zum Wohle der Menschen gegen vielerlei Widerstände der Staatsgewalt, der Bourgeoisie, der „Junker", der Kirchen und des Großkapitals, gegen Monarchisten, Nationalisten, Militaristen, Faschisten, Klerikalisten, Kapitalisten und Kommunisten mit ihren „-ismen" erkämpft wurden. Diese Fortschritte werden heute als selbstverständlich angesehen, aber ohne die SPD wären sie kaum in einem evolutionären Prozeß statt durch eine chaotische Revolution mit ungewissem Ausgang erreicht worden. Gewalt ist nie und nimmer eine gute Option; das sollten uns 2 Weltkriege gelehrt haben. Wahrheit und Vernunft liegen irgendwo in der Mitte, aber nie an den Rändern, nicht bei der blutroten „Linken", der Nachfolgepartei der SED, noch bei der braunen AfD, die Politik mit Pöbeln – **O**ssinostalgie – **L**autem Gebrüll - **I**dentitärem Getue – **T**error – **I**deologie

– und **Kalbitz** verwechselt. Die SPD hat trotzdem bei der Durchsetzung wesentlicher sozialer Ziele in der Bundesrepublik, kaum in der Kommunikation, versagt, und besitzt keine charismatische Führungspersönlichkeit. Darum laufen ihr enttäuschte Wähler weg. Einige gravierende Mängel unseres Systems werde ich am Ende des folgenden Exkurses analysieren.

15. Exkurs: Soziale Marktwirtschaft

Sie sollte eine Art dritter Weg zwischen Manchester-Liberalismus samt seinen Auswüchsen, aber auch keine Planwirtschaft oder gar ein Wohlfahrtsstaat sein, in dem jeder nur die Hand aufhält, sondern eigene Initiative mit sozialem Ausgleich verbinden. In diesem „gemischten System" hat der Staat den für den Wohlstand wichtigen Wettbewerb zu fördern, aber auch durch sozial-, konjunktur- und arbeitsmarktpolitische Maßnahmen regulierend, und im allgemeinen Interesse erforderlichenfalls korrigierend, tätig zu werden. Dabei blieb die Definition der sozialen Komponente allerdings etwas schwammig; man wollte sie „der Entwicklung überlassen." Die West-Gewerkschaften erreichten im Jahr 1972 die Mitbestimmung in Betrieben nach dem BetrVerfG, 1978 nach dem MitbestimmungsG, und im öffentlichen Dienst 1974 nach dem PersVertrG.

Schöpfer der Sozialen Marktwirtschaft war Staatssekretär Müller-Armack, Ludwig Erhard setzte sie als Wirtschaftsminister unter dem 1. Bundeskanzler Dr. Adenauer politisch durch. Die SPD sträubte sich zunächst gegen dieses Konzept, akzeptierte es aber nach seinem Erfolg („Wirtschaftswunder)" notgedrungen im Godesberger Programm 1959. Bei Ausgabe anno 1948 wurde die DM mit 4,20 DM pro 1 US-$ stark unterbewertet, was sich auf die deutschen Zahlungen von Besatzungskosten für die Alliierten (Westmächte) erheblich auswirkte. Durch die chronische Unterbewertung der DM dem US-Dollar gegenüber wurde Deutschland aber auch Exportweltmeister: schon am 5. 8. 1955 rollte der 1-millionste VW-Käfer vom Band, und die Industrie fuhr enorme Profite ein, aber wir „verschenkten" währungsmäßig faktisch jeden 7. VW-Käfer, und holten uns mit den „weichen" Fremdwährungen (im Gegensatz zur „harten" DM) die Inflation ins Land. In diesem Kontext möchte ich Ihnen eine Anekdote nicht vorenthalten.

Mein Referent in der Oberpostdirektion wollte mich Mitte der 1960er Jahre wohl für eine Mitgliedschaft in der CSU gewinnen, indem er mir eine Ehrenkarte für den Parteitag gab. Dort hielt ich dem CSU-Vorsitzenden und Bundesfinanzminister Strauß die obigen Argumente für eine DM-Aufwertung vor, worauf er mir entgegnete, ich sei wohl ein „guter Theoretiker der Nationalökonomie", aber…..Einige Wochen danach war Kiesinger nach dem Zerbrechen der 1. Großen Koalition mit Brandt nur noch geschäftsführender Kanzler, und gab die der Industrie versprochene Bewertung der DM frei (statt 4,20 nun 4 : 1 = - 4,76 %). Ich genoß eben eine Kálmán-Operette, als einer der Darsteller in einem Couplet die Neuigkeit brachte. Beim Parteitag erschrak ich etwas: um Strauß herum saßen auf dem Podium nur Vertreter des Großkapitals wie „Flicks Mann im Bundestag", RA Pohle, der VV der Bayernhypo Martini und der Gründer der Computerfirma Nixdorf persönlich, an die ich mich noch erinnere. Letzterer äußerte etwas aggressiv: „Studenten sollen studieren, und nicht heiraten." Strauß war ein talentierter, vorausschauender Politiker, der an der Modernisierung des Agrarstaates Bayern einen wesentlichen Anteil hatte (Medien und Biotechnologie in München, Forschungsreaktor in Garching usw.), zum anderen war er „aa a Hundling, a gonz a odrahda" wie man auf Bayrisch sagt, wenn man an seine politischen Affären denkt.

Ein Beispiel aus der Wirtschaft: auf dem Weltmarkt sind die Preise für Landwirtschaftserzeugnisse deutlich billiger, als sie deutsche Bauern wegen ihrer viel kleineren Betriebe produzieren können. Um die Lebensgrundlage der Bauern sicherzustellen, und damit den berechtigten Interessen einer bedeutenden Wählergruppe, vor allem konservativer Parteien, Rechnung zu tragen, sowie bei einer Störung des Imports in Krisenzeiten die Versorgung der Bevölkerung zu gewährleisten, wird die Landwirtschaft, früher ohne Mengenbegrenzung, subventioniert, was zur Überproduktion führte („Milchberg", „Butterberg", Schweineberg"). Die Überschüsse wurden eingelagert bzw. zu wieder subventionierten Preisen abverkauft. Bis heute findet sich billiges Milchpulver in vielen Produkten. Die europäische Landwirtschaftspolitik beging/begeht denselben Fehler, so dass heute 1/3 ihres Haushalts dafür, vor allem zur Subventionierung der französischen Landwirtschaft sowie einiger östlicher und südlicher Länder aufgewendet wird. Die Grünen verlangen zu Recht, dass nicht Großbetriebe am meisten absahnen, sondern die Hilfen an die Einhaltung ökologischer Standards geknüpft werden müssen.

Schauen wir in der Geschichte zurück, wie alles nach dem Krieg wieder anfing. Das „Reich" lag in Trümmern, von ganzen Großstadt-Straßenzügen standen nur noch Mauerreste und Kamine. Mein Vater, von Beruf Richter, arbeitete 1946 in Wien mangels einer anderen Arbeit und um die Familie zu ernähren, bei der Trümmerbeseitigung. Diese Arbeit war lebensgefährlich: wenn Kamine plötzlich einstürzten, gab es Tote. Noch als wir, 1946 mit einem amerikanischen Transport nach Bayern gekommen, im Jahr 1953 nach München zogen, lag am Marienplatz, dort wo das Haus der Buchhandlung Hugendubel steht, ein riesiger Trümmerhaufen. Im und nach dem Krieg gab es Lebensmittel nur auf „Marken", monatlich ausgegebene Lebensmittelkarten, Gebrauchs-gegenstände nur auf Bezugsschein. Für diese und die faktisch wertlose Reichsmark konnte man ohnehin kaum das Nötigste kaufen; das Spülwassser weist heute mehr Fettringe auf als damals die Suppe. Dann kam der 20. Juni 1948 – ich erinnere mich noch daran, als wär's gestern gewesen: amerikanische Panzer rollten ins Städtchen, in dem wir damals wohnten; die Leute sagten, da sei das neue Geld drin, die gelobte und geliebte Deutsche Mark (kurz DM oder D-Mark genannt). Pro Kopf wurden 40 DM, und später nochmals 20 DM ausgegeben, Giroguthaben lösten sich in Luft auf, und pro 100 Reichsmark Sparguthaben erhielten Sparer erst 6,50 DM, die später auf 10 DM aufgestockt wurden. Die deutsche Rentenversicherung war sozusagen die einzige Währung, die auch nach 2 Weltkriegen nicht abgewertet worden war. - Stalin begann am 24.6.48 die Berliner Blockade, die amerikanische Luftbrücke, liebevoll „Rosinenbomber", genannt, mußte jede Kartoffel, aber auch jedes Stück Kohle und Baumaterial einfliegen. Am 12.5.49 brach Stalin die erfolglose Blockade Westberlins ab. Die Sowjetische Besatzungsmacht tauschte vom 24. - 28. Juni 1948 überstürzt 70 Reichsmark (RM) zum Kurs von 1 : 1 gegen „Klebemark" (Reichsmark mit provisorischen Aufklebern), um eine Inflation durch die im Westen noch vorhandene Masse wertloser Reichsmark zu vermeiden. Nach mehreren Änderungen hieß die Ost-Währung „Mark der DDR".

In der Trizone (den 3 Westzonen, denn die Bundesrepublik besteht erst seit dem 24. 5. 1949) füllten sich ab der Währungsreform schlagartig die Schaufenster; schon seit 1947 ging es mit der Wirtschaft bergauf, jeder „schob mit dem Hirn an", wie man in Bayern sagt, um die vielen zerstörten oder verlorenen Dinge wieder aufzubauen bzw. zu beschaffen. In einem seinerzeitigen Schlager hieß es: „Jetzt wird fest in die Hände gespuckt. So steigern wir das Sozialprodukt." Zu Weihnachten 1949 fielen die Lebensmittelkarten endlich weg. Der enorme Fleiß der Kriegs- und Nachkriegsgeneration verbunden mit der richtigen Wirtschaftspolitik der Unionsparteien machte das „deutsche Wirtschaftswunder" möglich, so dass Westdeutschland sich wie der Phönix aus der Asche erhob. Der Osten litt unter der Demontage durch die Sowjets und bekam die Planwirtschaft verordnet; er hatte nicht so viel Glück wie wir. Im Jahr 1988 betrug der Wert der Ostmark zur Westmark 4,40 : 1. Kanzler Kohl verfügte im Zuge der deutschen Wiedervereinigung den Wechselkurs von 2 : 1. Er wollte damit dem Osten etwas Gutes tun, erzielte aber das Gegenteil: die ostdeutsche Wirtschaft war der Konkurrenz des Westens nicht gewachsen: die Märkte im ehemaligen Ostblock brachen nach der Wende unter Gorbatschow weg, und die „Ossis" bevorzugten statt ihrer eigenen Produkte Westwaren, so dass ostdeutsche Unternehmen, eines nach dem anderen, zusammenbrachen und von der „Treu- hand" übernommen und verwertet wurden. Viele Ostdeutsche behaupten bis heute, der Westen habe den Osten ausgeplündert, ohne die Fakten zu kennen. Es ereigneten sich auch Fälle von Schwindel und Fledderei, ich las von der Verurteilung eines höheren Mitarbeiters der Treuhand. In einem Fall verlagerte ein ostdeutscher Unternehmer seinen Betrieb in den Westen, weil er in Wirklichkeit dort mehr Chancen sah. Lafontaine, Vorsitzender der sich als „Ossipartei" gerierenden Linken, agitierte mit einer „Doppelstrategie": im Osten, für diesen würde zu wenig getan, während er im Westen das Gegenteil behauptete. An Steuergeldern flossen 1,5 Billionen € vom Westen in den Osten, wo heute zum Teil die modernsten Anlagen stehen.

Die Ungleichheit der Einkommens- und Vermögensentwicklung in der Bundesrepublik war bereits in den 50er Jahren nicht wegdiskutieren: die Schere zwischen Vermögenden/Unternehmern und Arbeitnehmern wie Otto Normalverbraucher und Lieschen Müller geht bis heute ungebremst auseinander:
1.1 In der Bundesrepublik besitzen 10 % der Bevölkerung 61,1 % des gesamten Vermögens, etwa 50 % der Haushalte entweder nichts oder weniger als 28.000 €. Die Unternehmerschaft eignete sich erfolgreich den von abhängig Beschäftigten geschaffenen Mehrwert (minus Kosten, Kapitalverzinsung und Unternehmervergütung) an, doch vergoß sie in den Aufbaujahren, wie ich mich noch gut erinnere, bei jeder Lohnrunde Krokodilstränen. als ob sie unmittelbar vor dem Ruin stünde. Die Kapitalistenpartei FDP sowie der Wirtschaftsflügel der Union

unterstützten die von der Gewerkschaftspolitik angeblich so arg „Ausgebeuteten" durch eine ebensolche Zweckpropaganda. Nur - um die Erzeugnisse auch kaufen zu können, braucht ein Arbeitnehmer Geld. Die Bundesregierung veröffentlichte die genannten statistischen Zahlen lange nicht. In der BRD sind nur 42 % der Bevölkerung Eigentümer eines Hauses oder einer Wohnung. In Italien z. B. liegt der Eigentümeranteil deutlich höher.

1.2 Seit jeher wurde Grundeigentum in Deutschland privilegiert, was der politischen Lobby der Gutsherren zuschreiben war. Erst 70 Jahre nach Kriegsende gab das BVerfG dem Gesetzgeber auf, dieses im Vergleich zum Arbeitseinkommen zu gering belastete Vermögen gerechter zu besteuern. Aber ob sich damit an der besonders pikanten Grundtücksspekulation was ändert? Grund und Boden sind ein nicht vermehrbares Gut; wenn es der Spekulant aber 10 Jahre liegen läßt, kann er danach den erheblichen arbeitslosen Spekulationsgewinn steuerfrei einstreichen. Damit machten z. B. die Münchner Bankiers von Finck über Generationen hinweg Milliardengewinne, indem sie rings um München billiges Bauerwartungsland aufkauften, es liegenließen, und wenn der Staat den Grundstückswert z. B. durch gute Verkehrsanbindung (Autobahn, Bundesstraßenausbau, S-Bahn) erheblich gesteigert hatte, verkauften sie mit Riesenprofit, ohne etwas dafür geleistet zu haben. Auch die Sozialdemokratie, die vom 1.12.1966 – 1.10.1982, vom 26.19.1998 – 28.10.2009 und vom 17.12.2013 bis heute, also in insgesamt 34 von 71,5 Jahren Existenz der BRD , die Bundesjustizminister stellte und noch stellt, hat während der ganzen Zeit nichts an dem kapitalistischen Skandal der Grundstücksspekulation geändert, statt diesen Sektor einer strengen Sozialbindung zu unterwerfen (Art. 15 GG). Weniger die Baukosten als die in Ballungsgebieten astronomischen Grundstückspreise lassen die Menschen nur unter hoher Schuldenbelastung Haus- und Wohnungseigentum erwerben, woran wieder Banken und Pfand-briefinhaber verdienen, je länger finanziert wird. Das Baukindergeld für Familien ist wegen der spekulationsgetriebenen Bodenpreise reine Augenwischerei statt das Übel auszuMERZen.

1.3 Die „Vermögensbildung in Arbeitnehmerhand" treibt mir die Röte des Fremdschämens ins Gesicht: 2 VW-„Volksaktien", die Einkommensschwächere erwerben durften, waren ein Tropfen auf den heißen Stein, und die Telekomaktien floppten: Käufer der 1. Tranche machten noch Gewinn; die mit überzogener Werbung durch den damaligen Boß, Dr. Ron Sommer, verkauften späteren Tranchen erwiesen sich für Käufer als enttäuschend. Die sogenannten „vermögenswirksamen Leistungen" des Arbeitgebers bis zu 480 € pro Jahr sind ebenso ein Etikettenschwindel: der Staat fördert sie je nach Anlageform mit ein paar Prozent „Arbeitnehmersparzulage", was alles viel zu wenig ist, um damit Vermögen bilden zu können. Jeder sollte sich als Kleinkapitalist fühlen dürfen, während das big money woanders klammheimlich Profit machte und wuchs und wuchs. Der Vorschlag eines Investivlohnes, der aus dem Unternehmen nicht herausgezogen werden, sondern in Form von Aktien oder Fonds darin bleiben sollte, verschwand in der Versenkung, sofern nicht Unternehmen selbst verbilligte Belegschaftsaktien verkauften. Auch die Riester-Rente erwies sich als unwirtschaftlicher Rohrkrepierer. Ich lamentiere nicht auf hohem Niveau, vielmehr sprechen die Fakten. Bosse von Firmen, die wie die Lufthansa mit 9 Milliarden Steuergeldern vor dem Unternehmensrisiko der Pleite gerettet wurde, beziehen immer noch zu hohe Gehälter und Boni, ohne rot zu werden. Abgas-, cum ex/swap-Betrug, Steuerfluchthilfe der Banken.....ich meine, die Beispiele reichen.

2. 20 % unserer Kinder, oft mit alleinerziehenden Elternteilen, leben an oder unter der Armutsgrenze – welche Schande in unserem reichen Land! Sie sind die Zukunft und müssen einmal die Lasten des Generationenvertrages der Rentenversicherung tragen: der Krieg hat deren Kapitalstock vernichtet, so dass im Wege der Umlage die Jungen die Renten der Alten verdienen müssen. Da wegen der Demographiekurve immer weniger Zahler immer mehr Rentner finanziell erhalten, werden Beiträge und Staatszuschuß immer mehr erhöht und das Rentenniveau abgesenkt werden müssen, um auf lange Sicht die Finanzierung sicherzustellen. Gut, dass ich schon so alt bin, und das nicht mehr erleben muß.
3.1 Wir haben in Deutschland einen Pflegenotstand, die Pflegekosten steigen ständig, obwohl die Pflegekräfte unterbezahlt und überlastet sind, nicht nur in Coronazeiten. Da stimmt doch was nicht! Ich habe hier bittere Erfahrungen machen müssen. Meine 1. Frau litt 35 Jahre lang an Multipler Sklerose und war davon 10 Jahre lang gelähmt bettlägerig. In Pflegestufe 3 erhielt ich für sie 1442 € Pflegegeld, und mußte 1600 € monatlich plus den nicht erstatteten Anteil an Arzt- und Medikamentenkosten von meiner Pension berappen; dabei liefen meine Fixkosten weiter. Auf die Weide wie das liebe Vieh wollte ich auch nicht gehen, so dass ich mehrmals an der

Pleite vorbeischrammte. Als Innenminister hatte der ehemalige Terroristenanwalt und angebliche Sozialdemokrat Schily von einem Tag auf den anderen die staatliche Beihilfe, auf die ich als Beamter Anspruch hatte, gestrichen. Vom Verwaltungsgericht mußte ich mich auf meine Klage hin belehren lassen, dass Beihilfen nicht zum garantierten Kernbereich des Art. 33 GG gehörten, und „dass es nicht beschämend sei, sich an das Sozialamt zu wenden" – das nach 40 Jahren „Dienst für das deutsche Volk", wie es in meiner Zurruhesetzungsurkunde steht. Als mein Frust etwas verraucht war, wandte ich mich an das Sozialamt: wenn jeder Migrant aus der „Pflicht des Sozialstaates zur Humanität" heraus alimentiert wird, dann hat dieser Staat vielleicht auch mal etwas für einen deutschen Staatsbürger und langjährigen Staatsdiener übrig – dachte ich. Die 1. Frage war: „Besitzen Sie ein Haus oder eine Eigentumswohnung?" Ja, meine Frau und ich hatten uns eine solche vom Mund abgespart. Diese müßte ich zuerst verkaufen. Auf die Frage, wo ich dann leben sollte, wenn nicht unter den Münchner Isarbrücken, bekam ich die geradezu unverschämt anmutende Antwort: „In der Pilgersheimerstraße 11 gibt es ein Obdachlosenheim. Sie können da mal nachfragen." Die andere Variante, bei der Bürgersaalkirche zu betteln, hatte ich ehrlich übersehen. Ich habe es dennoch aus eigener Kraft geschafft.

3. 2. Wenn der Staat so arm ist, könnte ich ihm helfen, Einnahmen zu erzielen. Nach Expertenaussagen würden 10 – 15.000 Steuerprüfer mehr etwa 100 Milliarden € im Jahr mehr an Steuereinnahmen erbringen. Aber die Regierungen tun das aus zwei Gründen nicht: ad eins wäre es ein Nullsummenspiel zu Lasten der Unternehmer- und Unternehmenseinkünfte. Das können doch unsere wirtschaftsfinanzierten Parteien nicht zulassen. Dann wären ja die Parteispenden passé. Zweitens gibt es viele Steuerparadiese, ja Staaten Europas überbieten sich gegenseitig darin, Schwarz- & Fluchtgelder anzulocken. Krasse, unrühmliche Beispiele waren die Fränkiländer Schweiz und Liechtenstein, aber auch Luxemburg, dessen Regierungschef und Finanzminister lange Jahre Monsieur Juncker war. Dann machte man den Bock zum Gärtner, d. h. zum Präsidenten der Europäischen Kommission. Eurokraten lamentieren über die hohen Kosten (z. B. die hohen Agrarsubventionen für die französische Landwirtschaft) und erwägen eine Europasteuer. Dabei muß man wissen, dass die ca. 20.000 Eurokratiebediensteten keine Einkommenssteuer zu bezahlen haben. Ich machte daher Herrn Juncker den Vorschlag, auch von ihnen, schon wegen der Gerechtigkeit, und zur

Lösung der EU-Finanzprobleme Einkommenssteuer erheben, wie sie jeder andere Bürger bezahlen muß. Ich bekam darauf keine Antwort. Ein anderes Ärgernis ist, dass die Großkonzerne im Zuge der Globalisierung ihren Firmensitz so verlagern können, dass sie kaum je Steuern zahlen, und Politiker der EG es bis heute nicht fertig brachten, die Gewinne dort versteuern zu lassen, wo sie anfielen.

4. Im Jahr 1995 brach geradezu eine Migrationsflut über Europa herein. Die meisten Migranten wollten nach Deutschland. Der Egoismus einzelner Staaten ließ Griechenland und Italien mit den Problemen allein, Ungarn sowie einige Balkanstaaten sperrten die Balkanroute, und neben Polen und Ungarn verweigern weitere Staaten die Aufnahme von Flüchtlingen - aber Hilfsgelder der EG nehmen sie schon an. So wagten viele den gefahrvollen Weg in klapprigen Booten über das Mittelmeer, jetzt sogar über den Atlantik zu den Kanarischen Inseln, und hunderte ertranken. Der Sultan vom Bosporus erpreßte dafür, dass er „seine Brüder" nicht auf Europa losließ, Milliarden. Der Entwicklungs-hilfeminister von 2009 – 2013, Dirk Niebel, FDP, warnte bereits vor Jahren nach einer Afrikareise davor, dass eine starke Migrationswelle von dort aufgrund von Bürgerkriegen, Verfolgungen und wegen der klimawandelbedingten Trockenheit in der Sahelzone auf uns zukomme – aber die Politik schlief weiter. Von Clausewitz formulierte die allgemeingültigen Maximen: „Vorausdenken ohne vorauszu-disponieren" und „Unterlassen und Versäumnis belasten schwerer als eine falsche Wahl der Mittel." Das bewahrheitete sich zu Weihnachten 1995. Die Politiker hätten Jahre Zeit gehabt - die Regierung Merkel gibt doch sonst für alle möglichen Beraterstäbe Millionen aus - Pläne dafür auszuarbeiten. Statt eines blauäugigen dolce far niente oder statt des Vorschlags von Frau Petry, auf Flüchtlinge einfach (in DDR-Manier) zu schießen, hätte man in der Sahelzone z. B. durch Brunnenbohrungen für Bewässerung sorgen, sowie durch Vereinbarungen mit Staaten Nordafrikas Auffanglager und schnelle Entscheidungen über Asylanträge gleich an Ort und Stelle planen können. Aber Denken tut weh und wohl Vorausdenken besonders. Politiker quatschen und reagieren – wenn überhaupt – gewöhnlich viel zu spät, erst wenn sie einen Tritt bekommen wie durch die Migrationswelle. Ohne die vielen privaten Helfer wären sie untergegangen.

5. Ein Problem für sich ist die Landwirtschaft. Bekannte Mißstände in der Fleischverarbeitung, die durch die Coronakrise allen bekannt wurden, den Experten aber bekannt waren: aus Profitinteresse auf engstem Raum in Legebatterien zusammengepferchte Hühner, die einander blutig picken und die mit Antibiotika vollgestopft werden, Schweine, die gerade „genug" Platz zum Liegen haben, und mit Hormonen gemästet werden (Russinnen klagen darüber, dass sie deutlich an Gewicht zunähmen, wenn sie einige Monate im Westen leben:); Fleisch und bereits das Trinkwasser sind damit belastet; Schlachttiere werden quer durch Europa gekarrt, nur um sie billiger zu schlachten......eine solche Politik ist asozial, weil sie zu lange vor den Kapitalinteressen kapitulierte. Bis auf kosmetische Korrekturen passierte fast nichts. Über die üppige Subventionierung der Großen habe ich bereits geschrieben, und foodwatch hat wieder gewarnt, dass die schönen Labels in Rot – Gelb –Grün rein freiwillig seien, und keine Kontrolle des so geradezu vorprogrammierten Schwindels stattfinden würde. Man nennt eine Regelung ohne Kontrolle und Sanktionen unter Juristen eine „lex imperfecta" – alles Andere als perfekt, ich sage, eine bewußte Täuschung der Verbraucher aus Kapitalinteressen. Ein CSU-Bundesminister für Landwirtschaft enthielt sich trotz eines gegenteiligen Kabinettsbeschlusses der Stimme bei der EG, und ermöglichte es der in den USA gebeutelten Bayer AG, die Monsanto gekauft hatte, das nach Aussagen einiger Experten als krebserregend einzustufende Pflanzenschutzmittel Glyphosat weiterhin jahrelang in Europa zu verkaufen. Wenn etwas nach Aussagen von Experten gefährlich sein kann, muß es die Bundesregierung trotz gegenteiliger Aussagen anderer (von wem bezahlter?) Experten stoppen, bis seine Unschädlichkeit bewiesen ist, und nicht erst, wenn das Kind bereits in den Brunnen gefallen ist. In den USA sprach ein Gericht einem Kläger wegen seiner durch häufige Kontakte mit Glyphosat erlittenen Krebserkrankung 140 Millionen US-$ Schadensersatz und Schmerzensgeld zu. Das wäre auch bei uns sehr „heilsam".

Mit einem Wort: die nicht näher definierte soziale Komponente der „Sozialen Marktwirtschaft" ist arg unter die Räder gekommen, ist sie gar zu einer Ideologie mutiert? Ich erwarte von einer künftigen Koalition im Bund die Verbindung von Marktwirtschaft als Basis unseres Wohlstands mit einem wirklichen sozialem Ausgleich wegen der Gerechtigkeit denjenigen gegenüber, die den Wohlstand mit ihrer Arbeit schaffen (man denke an Adam Smith!) verbunden mit Ökologie, um uns und den nachfolgenden Generationen eine lebenswerte Umwelt zu erhalten. Die Defizite im sozialen Wohnungsbau, im Landbau, bei der Tierhaltung, im Verbraucher- und im Klimaschutz sollten endlich ernsthaft angegangen werden. Die Elektromobilität mit ihren künftigen Batteriedeponien, langen Ladezeiten und beschränktem Radius wird nur wenig akzeptiert. Besser wäre gleich eine Förderung der Wasserstofftechnik wie in Japan. Die für die Ökologie entwickelten Technologien werden uns andere Länder für gutes Geld aus den Händen reißen, wenn auch sie kapieren, was sich als nötig erwiesen hat. Das könnte jetzt schon ein Anreiz für vorausschauende Kapitalisten sein.

Nachwort

Warum setze ich mich noch mit 82 hin, recherchiere und schreibe dieses Buch? Gibt es nicht schon genug bedrucktes Papier? Auch der ökonomische Erfolg dürfte bescheiden ausfallen, weil ich weder Titel wie Prof. oder einen abgeschriebenen Dr. vor mir hertrage, noch prominent oder bekannt bin. Profitbringende Skandale wie Sarrazin habe ich noch nicht erregt, und mich auch nicht in der Pornobranche betätigt, wo die Autorin der „Feuchtgebiete" mit 6 Millionen Auflage auf Anhieb Multimillionärin wurde. Krimis wären auch noch eine Idee – sorry, dafür habe ich zu wenig kriminelle Energie. Daher habe ich eine Materie gewählt, über die ich nach einem langen Leben, vielen Erfahrungen (Krieg, Nazismus, Vertreibung, harte Nachkriegszeit und und und), ja und aufgrund vielen Nachdenkens etwas beizutragen habe, obwohl Denken wehzutun scheint, jedenfalls im „kollektiven Freizeitpark Deutschland" (Helmut Kohl), in dem vor allem Youngsters ihren „Spaß haben" wollen. In meiner Lehrtätigkeit bei jungen Damen stellte ich meist völliges Desinteresse an politischen Fragestellungen fest, an der Institutionenkunde sowieso. Meiner verzweifelten Frage „Was habt ihr denn in politischer Bildung gelernt?" antwortete ein Chor: „Nichts!", was aber sicher nicht Schuld der Lehrkräfte war. Zufällig hörte ich ein Gespräch zwischen 2 meiner Schülerinnen mit: „Der Kratochwil will, dass wir denken, wo wir Weiber das doch nicht können." Meine Motivation fiel an diesem Tag fast auf Null.

Auch heute vernebeln Ideologien den Verstand, sie verfälschen Morde in eine Heldentat für die „gute Sache", und werten humane Werte völlig um. Aber auch über die andere Seite kann ich nur den Kopf schütteln: im Oktober 2020 wollte ein französischer Lehrer seinen Schülern den Wert der Freiheit ausgerechnet anhand von Karikaturen über Mohammed erklären und wurde umgehend von einem Islamisten enthauptet. Macron hielt daraufhin eine flammende Rede über die Liebe zur Freiheit und die Verteidigung französischer Werte gegen den Islamismus, was Erdogan zum Kommentar veranlaßte, Macron sollte sich auf seinen Geisteszustand untersuchen lassen. Ich will hier nicht über Recht und Unrecht referieren, weil das völlig klar ist, sondern nur eine einfache Überlegung anstellen: nach 250 islamistischen Morden in Frankreich, nachdem Islamisten bereits bei Charlie Hebdo auf eine ihren Propheten herabsetzende Karikatur radikal mit Morden reagierten, und 5 Millionen Muslimen im

Lande, hätte man sich überlegen sollen, wie die westliche Kirche um 1400 (anno 2020 – 622 der Hedschra = 1398) mit jemandem umgegangen wäre, der Jeschua verunglimpft hätte: zwar nicht à la lanterne, aber doch ab auf den Scheiterhaufen! Ein Lehrer hat gelernt, Lernziele anhand fast beliebiger Stoffe zu vermitteln. Gerade als Franzose hätte er den Wert der Freiheit anhand der Leiden afrikanischer Völker unter dem Kolonialismus/Imperialismus der „grande nation", deren Leiden unter dem deutschen Militarismus und Nazismus erklären, sowie auf die Übertreibung des Islam durch den Islamismus zu sprechen kommen können, ohne zu provozieren. Meinen Sie nicht, dass dies nachhaltiger gewesen wäre, als mittels eines Affronts „westliche Werte" der früheren Kolonialmacht Frankreich zu verteidigen? Der Autokrat am Bosporus verpaßte Macron daraufhin einen in der Diplomatie eher unüblichen groben Nasenstüber. Aber war all das samt den Folgetaten nötig? Ein Lehrer sollte stattdessen seine Schüler zur Toleranz erziehen, ohne die ein friedliches Miteinander von Menschen mit unterschiedlichen Wertvorstellungen nicht möglich ist. Gegen Gesetzesverletzungen hat der Staat einzuschreiten, sollte sie aber nicht leichtfertig provozieren. Muslime in aller Welt sind über eine Blasphemie eben anderer Ansicht als der von ihnen als gottlos empfundene Westen, und reagieren auf eine manifeste Verletzung ihrer Religion empfindlich, wie früher auch die Kirche. Von einer westlichen Überheblichkeit fremden Kulturen gegenüber war auch schon anderswo die Rede.

Meine Motivation für dieses Buch war einfach, meine Leser auf die enorme Gefahr von Ideologien aller Art hinzuweisen: falsches, das heißt realitätsausblendendes Denken und Übertreibung irgendwelcher Ideen führen wegen der Verzerrung geradezu zwangsläufig zu falschem Handeln, und können in einer Katastrophe enden. Der sog. homo sapiens hat seinen Kopf nicht dazu, um einen Hut aufzusetzen, sondern um zu denken, und das möglichst mit Vernunft und Augenmaß. C'est de la rationalité francaise aussi. n'est-ce pas? Die meisten Probleme schaffen sich die Menschen selbst aus Egoismus und in ihrem Kampf um Macht und Geld. Meine russische Frau konstatierte sehr bald, dass das Leben in Deutschland deutlich streßfreier als in Rußland verläuft. Das machen auch die Unterschiede in der Kultur des Umgangs miteinander aus. Noch besser wäre es jedoch, die alte und ganz simple Maxime der Ethik anzuwenden:

„Behandle jeden so, wie Du von ihm behandelt werden willst."

Quellenangaben:

Wikipedia: diverse Artikel,
Yahoo: Meldungen und Kommentare,
mail.ru: Blogs verschiedener privater websites,
persönliche Erlebnisse und Erfahrungen etwa von 1943 bis jetzt,
eigener Unterricht bei Fortbildungen über Wirtschaft und Finanzen.
Für die Genehmigung, eine seiner Karikaturen als Titelbild zu verwenden,
danke ich Herrn Sergey Elkin.